隱性控制

辨識危險人格，擺脫毒性關係

無力小芮 著

目次

CONTENTS

前言▪看清你身邊的不定時炸彈

「當著大家的面說出你的缺點，這樣才是眞朋友！」

「我這樣管你，也是爲了你好！」

「要不是因爲我，你能得到這個工作機會嗎？」

「要不是我，別人會喜歡像你這麼糟糕的人嗎？」

聽到這些話，你可能會憤怒或覺得委屈，心想對方有什麼資格評論自己，也可能會擔心「對方說的會不會是眞的，會不會我眞的很糟糕」。雖然感覺到對方的敵意、打壓、控制或貶低，卻又擔心這些情緒是出於自己「太敏感」、「不識好歹」或「開不起玩笑」。

我是無力小芮，在網路自媒體上經營感情和心理學科普的內容。原本是名漫畫家，因爲罹患重度憂鬱症多年，花了很長時間自學、研究心理學知識，也嘗試過許多心理學療法。長年與憂鬱症糾纏的我，最終還是勝利了，只是憂鬱症帶給我的無力感一路隨行，所以我才取名爲「無力小芮」。

至今有幸在網路上透過問答的方式，陪伴許多陷在感情與心理困境的人走出迷霧，看清關係的眞相、擺脫關係的困境。

在這些人當中，有很多人曾遭受他人的惡意攻擊，因此受了傷、遭受委屈，更出現心情低落、憤恨、自我否定及自我懷疑等情形。久而久之，這些還可能造成短暫的憂鬱心情，甚至是長期的心理創傷。

如果你也有類似的經歷，我想告訴你——

請相信和尊重自己的眞實感受，你眞的沒有「想太多」。

早一步認清，早一步脫離

他人明顯的控制欲與攻擊並不可怕。面對直接的謾罵或毆打，還能予以回擊、尋求他人幫助，及時且迅速地遠離他們。然而很多控制和攻擊行爲十分隱晦，會以熱情和善來隱藏惡意，讓人難以區分。長期陷在這樣令人困惑和壓抑的關係，對身心健康十分有害。

在病態的關係裡，我們會變得小心翼翼、惴惴不安。社交、生活和工作也可能受到影響，變得一團糟。接踵而來的可能還有無盡的焦慮、緊張、壓抑、憤怒、惶恐等消極情緒。

我們憎恨對方，但又害怕失去對方，更擔憂自己變成對方口中那個「一無是處、討人厭」的人。這種自卑和恐懼會滲透到生活的方方面面，讓我們覺得自己別無選擇，被困住了。

遇人不淑，多半是認知太過局限、不瞭解人格的多樣性，不明白看起來都是人，行爲風格、思考邏輯、品行道德卻可能極度不同。

人多少都有些自戀。還不理解這些看似與常人無異的「人格障礙者」內心究竟是什麼情況之前，都會天眞地覺得所有問題靠自己都能迎刃而解。若不幸遇到人格障礙者，建立起關係之後，才會體驗到難以言說的失控和無力感。輕則痛苦、怒不可遏、抑鬱寡歡，重則傾家蕩產，甚至得付出生命的代價……。

「孕婦被丈夫推下懸崖詐騙保險金」、「一言不合將分手女友毆打致死」、「緊急關頭將好友反鎖在門外，導致對方慘遭殺害」等駭人聽聞的報導時有所聞，這些都是人格障礙者做出來的。一般人可能無法理解他們反常的行爲邏輯，也無法喚醒他們的良知，因爲他們缺乏同理，思考邏輯也與一般人完全不同。

若我們不拓展自己對人類的認知、不耐心地仔細觀察與思考日常接觸的人、不尊重與相信自己的眞實感受及直覺，與他人交往的過程中，就難以識別出這些人格障礙者的異常和危險之處。等到與他們深度交往之後才察覺不對勁，往往已經損失慘重。

這本書就是爲了正在或曾經與人格障礙者交往而身心受創的人所寫的。

在本書中，你可以：

一、認清你的情緒、感受、直覺，並瞭解背後的警示。

二、看清帶給你不良感受的人格障礙者，拓展你對他們的認識。

三、學會自我保護、應對人格障礙者。

四、擺脫消耗你的危險關係、修復心理創傷。

希望本書能夠幫助你早一步辨別出身邊的人格障礙者，並且好好保護自己。也希望你在面對他人打壓和指責時，能捍衛內心的聲音與感受，告訴自己也告訴對方：

「別想控制我！」

作者聲明

一、本書提及的十種人格障礙，是根據《精神疾病診斷與統計手冊第五版》（*Diagnostic and Statistical Manual of Mental Disorders, Fifth Edition, DSM-5*）、各類人格障礙的相關心理學理論知識、我個人真實經歷，以及多年來線上諮詢者的真實案例所整理出來的。本書不可作為醫學診斷依據，想瞭解自己或他人的情況，請至專業醫院精神科進行檢查。

二、「人格障礙」是指明顯偏離自身所處文化背景，出現異常的內心體驗和行為模式。通常發病於青少年或成年早期，不僅造成身心損害，也同時危害親密關係。本書整理的人格障礙類型和特徵都經過調整，並非從醫學角度敘述，不可作為醫學臨床診斷依據。

三、本書中除了我個人的親身經歷為照實敘述，諮詢者的案例，出於保密責任會以化名呈現，並針對內容進行處理，以幫助讀者理解人格障礙者的行為邏輯和思考方式。

四、本書中的第三人稱以「他」表述，但不是僅代表男性。

五、本書中針對名稱較長的人格障礙者，均以簡稱代之。如「自戀型人格障礙者」簡化為「自戀狂」；「戲劇型人格障礙者」簡化為「表演狂」等等。

六、人格障礙者在心理、行為上雖然有所異常，但並非精神疾患。是否該為其行為承擔法律責任，仍須進一步評估。

七、本書提及的「親密關係」不單指情侶關係，也包括：親子關係、朋友關係。

CHAPTER 01

〖 你配得上我嗎？ 〗

自戀型人格障礙者

NARCISSISTIC PERSONALITY DISORDER

「他長得夠漂亮／帥氣嗎？」

「你穿什麼牌子的衣服？」

「你買房、有車了嗎？」

「你家環境怎樣嗎？」

「那個人名氣和社會地位高嗎？」

「想要成為我的另一半或朋友，一定要非常優秀、超級成功才可以！」

你聽過諸如此類勢利又刻薄的話嗎？

要是面對某些人時，會因為自己外型不夠亮眼、衣服不夠昂貴、手頭不夠寬裕、社會地位不夠高階，而感到莫名羞愧、憤恨和自卑，那麼大概就是遇到了「自戀型人格障礙者」（後簡稱「自戀狂」）。因為這些膚淺、表面的外在價值，是自戀狂最在意也唯一認可的價值。

我是不是永遠都不夠好？
——與自戀型人格障礙者相處時的感受

與自戀狂建立親密關係後，他們在幻想自己非常優越或完美的同時，還會不斷地壓迫、無視、控制你。長期下來，會讓你身心俱損卻仍一頭霧水。

自戀狂帶來的精神消耗如同慢性疾病，往往等到身心崩潰，才發現已如沉痾，難以根治。許多人在他們長期的壓迫下否定自己，更遭到嚴重的精神控制（PUA）而失去自我，最終導致身心（甚至財產）都被自戀狂掏空，陷入人生困境。

面對自戀狂的精神虐待時，你必須做到——**重視和尊重自己的真實感受**。現在，請一起來察覺和體驗與自戀狂相處時常見的五種感受：

一、自我否定

我們的文化鼓勵「努力」、推崇天道酬勤，多數人都樂觀地相信，「越努力、越幸運」的邏輯，以及只要努力就能有所收穫。這種「吃得苦中苦」的勤奮，確實讓學業和工作進步，但是與自戀狂相處時，這個邏輯卻行不通。因爲不論付出多少努力，自戀狂都像永不滿足的黑洞，只會無情地索取價值並回饋消極的評價。

比如孩子努力考到全班第一，自戀型父母會說：「這還好吧！考到全校第一才值得開心」。等孩子努力考到全校第一，他們又會說：「別這樣就滿足了，全國不是只有你考全校第一」；替另一半準備好晚餐，自戀型伴侶反而會說：「怎麼沒有準備紅酒？」下次挑好了紅酒，他們又嫌棄紅酒不夠高檔；去自戀型朋友家作客，他們會不斷提到其他人來的時候會帶禮物，等到下次再去拜訪時沒忘記送禮，他們又會說其他人帶的禮物多麼特別等等。

眞誠地給予他人肯定、讚賞或感謝，也代表願意承認關係中的彼此是平等的。但自戀狂自大、自負、勢利、虛榮、不斷地追求高人一等、非常享受「特權感」，非常需要在各個關係中都站在高位，也造成他們難以滿足、不懂得知足。即便偶爾給予正面的回饋，也是出於利己的權宜之計。很快地，就會發現言行不一背後的眞相，話裡話外的讚賞中都充滿著虛情假意。

面對頻繁的苛責、抱怨和壓迫，都容易讓你產生自我懷疑：「一定是我做得不夠好，才讓對方不滿和輕視。」也許會進一步採用策略來緩解衝突與改善關係，像是努力讓自己更好來尋求認可、努力滿足對方讓關係變得更好、努力讓自己更加謹慎不留話柄。然而無論多努力，都不會改變自戀狂對待自己的方式。

自戀狂總能找到「你不夠好」、「我不滿意」、「需要指責和糾正你」的事。於是，你可能需要頻繁地向他們道歉，才能平息這莫名其妙的不滿和怒火，換得一時的安寧。這樣時時得防禦、刻刻不放鬆的日子，誰又受得了呢？

就算你知道不必理會自戀狂的消極回應，但面對自己在意的人持續、否定、冷暴力、缺乏同理心和難以取悅，接踵而來的只會是自我懷疑、匱乏感、自卑。消極的情緒極具感染力，負面回應也相當消耗人心，沒有人能在不健康的關係裡獲得健康的體驗。

二、習得性無助

積年累月與自戀狂相處，會無意識地被迫忍受那些難以逃避、難以改變的痛苦。即使有機會可以擺脫，也會習慣性地困於其中，不願離開。這個現象就是心理學上的「習得性無助」，也是許多與自戀狂相處的受虐者再，痛苦也不願分開的原因之一。

習得性無助會讓人持續陷入麻木和憂鬱狀態，相信無論做什麼都無法改變痛苦的現狀，最後陷入絕望。

在與自戀狂的相處中，不僅心聲沒人傾聽、意願不被尊重，更難以滿足需要關愛、理解、支援、肯定的心情，也無法與對方建立深層的情感連結。導致極度容易陷入習得性無助的絕望狀態，將自己關進由自戀狂圈定的精神監獄。無助和絕望也會讓你的身體和生活變得病態且消極，厭食、失眠、酗酒、工作失利等狀況也都可能接踵而至。

三、憂鬱

憂鬱症是一種複雜的身心疾病。罹患憂鬱症的人難以產生愉悅感、缺乏價值感，內心更充滿壓抑的憤恨及內疚，進而導致「恐懼社交」、「注意力難以集中」、「睡眠和食欲不規律」等連鎖的消極反應——這些行爲也時常發生在與自戀狂陷入情感困境的人身上。

憂鬱往往是因爲意願難以表達、情緒難以釋懷、需求難以滿足，以及習得性無助帶來的絕望。如果不能及時接受科學的治療，就容易越陷越深、拒絕尋求幫助，直到最後身心崩潰，甚至付出生命的代價。

如果努力嘗試過所有應對策略，最後還是發現一切無法改變，會覺得非常挫折、萬分沮喪。這種難以緩解的負面情緒，更可能誘發各種心理疾病。

四、焦慮

與自戀狂相處時，會覺得自己全身都有問題、做什麼都是錯的、每一刻都如履薄冰，更擔心遭遇消極評價或語言暴力，結果隨時都焦慮、緊張、心如刀割。

焦慮症與憂鬱症有點相似，例如擔憂、緊張、煩躁、疲憊、自我懷疑等心理反應，身體也會出現狀況，像是頭痛、肌肉緊繃。嚴重的焦慮症患者甚至會出現心悸、喘不過氣、頭暈目眩、驚恐發作等症狀。若是無法改善與自戀狂相處的現狀，心理反應還會持續惡化。

五、身心俱疲

與自戀狂相處，不但興趣會被否定，情感也時常遭到忽視，更不用說意願會被壓制、理想會被嘲笑……長期下來將讓你對生活中的大部分事物都感到無力……導致身心俱疲、精神越來越委靡、生命力漸漸流失。不僅會疏忽很多事，也會常常犯錯，更會進入越犯錯越逃避的惡性循環，直到澈底失去體驗生活的欲望。

以上就是與自戀狂相處時難以避免的體驗，逐步導致身心被摧毀殆盡。

也許你會好奇，那些人是不是原本就有受虐傾向，不然飽受傷害爲何執意留在自戀狂身邊？還是他們本來就喜歡或認同痛苦的相處模式？並不是這樣的。他們陷入與自戀狂相處的困境，卻有很長一段時間不明白自己經歷了什麼，更無法搞清楚這一切的原因。

我想，如果在相識初期，自戀狂就將這些不良特質展現得淋漓盡致，大部分的人都能很快察覺到不對勁，及時與他們保持安全距離。不幸的是，自戀狂在相識初期散發的魅力往往讓人難以抗拒。

高高在上的他多麼迷人

——為何沉迷於自戀型人格障礙者？

遭到自戀狂控制的人也許常常捫心自問：我是怎麼淪落至此的？我爲什麼不早點離開？我眞的有那麼糟嗎？我眞的有受虐傾向嗎？

別爲此悲觀、沮喪，也不必過度自責。自戀狂確實非常有魅力，也很會展示，這些魅力極具迷惑性，很難看清他們的本質。

接下來將介紹自戀狂所具備的五種魅力，看看人們爲何如此著迷：

一、外表光鮮、性感誘人

受外表吸引是人類的生物本能。長得帥氣美麗，是最快獲得他人注意和認可的方法。畢竟誰不喜歡視覺的享受呢？

講究的衣著、優美的身形、光滑的皮膚、精緻的髮型……即便不是天生麗質，自戀狂也非常擅長裝扮。爲了讓自己看起來氣質與外型出眾，他們自律、健身，甚至不惜整形，就是爲了快速吸引他人的關心和青睞。要是他們天生麗質，就會變得更加膚淺、傲慢。

他們會追求外貌，主要源自於內在的虛榮及情感的膚淺。只要外表光鮮誘人就能快速且輕鬆地左右逢源，得到大家的注意和讚美，就不用花時間充實內在。

多數人都承認自己被自戀狂的光鮮外表深深吸引，而在相識初期，這樣的魅力確實也是一股難以抵抗的誘惑。

然而華麗的外表無法彌補自戀狂內心貧瘠且冷酷的現實。長久相處下來，自戀狂外表的光彩會日漸褪色，受虐者的情感也會慢慢陷入空虛，因而出現沮喪和絕望的心情。

二、自信、熱情、充滿活力

自信和熱情是非常有感染力的。一個人對自己追逐的目標充滿熱情時，確實會散發光芒。那般專注、上進的狀態極具魅力。

然而人們常常會混淆眞正的「自信」與自戀狂表現出來的「自大」。

眞正的自信是確知自己的眞實能力，並且相信自己能達成符合現實的目標。就算沒達成也能坦然面對失敗，不會妄自菲薄，更有勇氣繼續嘗試。

但是自戀狂的自大，卻是不切實際地覺得自己「應該」達成龐大的目標，無法接受失敗。他們的「自信」是僞裝出來的，並隱藏「自尊脆弱」及「恐懼失敗」的弱點，甚至不擇手段、不惜裝腔作勢、謊話連篇。

熱情地追求目標的人固然頗具魅力，但還是要細心觀察這份激情是否僅限於利己的目標、是否能坦然接納失敗。

三、自律、上進、成績突出

人們多半會喜歡、尊重自律、有上進心的人，因爲他們多半有能力，也有飛黃騰達的潛力。

自戀狂極度渴望外在價值及高社會地位。在追求的過程中，他們可以達到異於常人的自律，比如嚴格健身、嚴控飲食和日常保養，以維持優越的外型；自律地學習、工作，以獲得更高的地位等。他們如此孜孜不倦地追求是相當有魅力的，也確實讓他們獲得更多的資源、機會和成就。

就算他們不是透過自律、上進來取得成就，也會信口開河、胡編亂造，而其展現的氣勢也相當誘人。

四、資源豐富、財力雄厚

自戀狂貪戀物質、勢利又愛慕虛榮，這樣的特質讓他們為了獲取利益、累積財富，不僅手段狠辣，效率也非常高。又因為他們極強烈的好勝心，會極力贏下工作或生活中的競爭，因此大都能為自己謀取到豐富的資源和一定的財富。

極佳的物質條件讓自戀狂在兩性關係中很受歡迎。因為他們的外在與物質條件都非常優秀，許多人容易被沖昏頭，忽略了要觀察對方的人格是否健康。

五、能言善辯、才華橫溢

能言善辯也是非常具有迷惑性的魅力。人們常常會誤認為所有知識淵博、口若懸河、幽默風趣的人一定也善於溝通。

但是溝通其實是一個平等對話的過程，既要理解對方，也要讓對方理解自己。自戀狂的能言善辯只是單向的表達，如同演講一般只允許他人聽從，從不允許反駁。沒有人能夠和自戀狂進行眞正的對話。

結合自戀狂表現出來的魅力，自然會認爲他們才華橫溢。而人們容易對優秀、強大的人心生仰慕，彷彿擁有這個人就擁有某種特權。

一旦被自戀狂的五種魅力迷得神魂顚倒，根本無法意識到即將逼近的危險。就算與自戀狂才剛剛建立關係，傷害就已經開始，多數人卻仍像溫水裡的青蛙般選擇視而不見，不願就此結束這段關係。

當然，一部分保有自我、自愛的人，在察覺到自戀狂的問題時能夠馬上清醒、拉開距離。但大部分習得性無助者依舊長期留在自戀狂的身邊，因爲他們多半自己也有問題需要解決，像是賭性堅強、拯救欲強，或是原生家庭中就有自戀狂等。就像以下這些人：

一、賭性堅強

賭性堅強的人容易被自戀狂深深吸引。因爲他們優秀的外在、自律與上進，隱藏的潛力，都會讓受虐者覺得自己壓對寶了，期望對自戀狂投資情感和物質，最後能換取成功的碩果。

這種投資看似以小博大，實際上穩賠不賺。與自戀狂相處的風險極高，他們不但非常保護自己的利益，還會貪婪地索取受虐者的時間、情感和物質卻保持防備。隨著受虐者的投入成本不斷增加，就越來越難及時止損和終止關係。

更致命的是，自戀狂好的時候熱情無限，壞的時候卻冷漠無情。這種令人十分困惑的行爲模式，會激發受虐者的勝負欲，因爲太想要重溫幸福時光，而出現不甘心與執著的心態，最後迷失自我。

二、拯救欲強

自戀狂擅長博取同情，這種特質也會讓受虐者心生憐憫、自願付出，甚至犧牲自我，好拯救他們回到「正常」和「舒適」的狀態。

在自戀狂口中，他們往往有著悲傷的過去，像是原生家庭的不幸、前任的傷害，或是追尋夢想的過程遭受重創。這些故事可能眞實發生過，但自戀狂反覆提及，多半只是爲自己的過度索取、極端控制、自私自利等行爲找到合理的藉口。

充滿同情心且拯救欲強的受虐者，內在其實十分缺乏自我價值感，所以才會透過「拯救他人」來確認自己的存在是有價值的、自己很重要。其實「覺得自己對別人的影響力很大」、「覺得自己能拯救別人」的想法本身，也是一種自戀的表現。

這種自我價值的匱乏，正好與自戀狂的強勢索取互補，因此容易進入頑固的虐戀模式。直到受虐者幡然醒悟——自我價值不需要透過拯救他人來獲得，才有可能走出這段病態關係，眞正學習到什麼是自尊和自愛。

三、原生家庭的局限

這些受虐者深深依附著自戀狂，往往是因爲原生家庭中，父母至少有一方是自戀狂。他們早已習慣與自戀狂相處、提供支持、遭受無情對待，更已經長期處在失去自我的狀態。所以這類型的受虐者難以察覺自戀型伴侶的異常。

原生家庭中父母是自戀狂，子女還得承受一個致命的副產品，就是對自戀狂的「心動反應」。

許多人戀愛、擇偶都是「看感覺」，然而這種感覺其實源於一種「熟悉感」，會讓人覺得安全和依戀。與自戀狂父母一起成長的受虐者，多半只會對與自己父母類似或互補的自戀狂產生熟悉感。譬如自戀型父母總是壓抑孩子的想法，長大後他們也會喜歡上擅長壓抑他人的自戀狂。這就是為什麼受虐者難以結束與自戀狂的關係，他們缺乏健康的熟悉感。

揭開迷人偽裝，看見自戀的原因

——他是自戀型人格障礙者嗎？

自戀型人格障礙者善於偽裝，並逐步緩慢地傷害周遭人們的心理、身體，甚至是財產，等到受害者漸漸意識到問題的嚴重性時通常已經太遲。

社會新聞中，被父母或伴侶操控心理而自殺的受害者不勝枚舉，而善於操控的加害者也多半有自戀型人格障礙；層出不窮的詐騙案中，也有很大一部分是以情感詐騙爲主，當中的詐騙犯也是自戀狂。更有研究顯示，許多青少年罹患憂鬱症或躁鬱症這類嚴重的身心疾病，輕生的機率也比較高，原因就在於其原生家庭的父母中至少有一方是自戀狂，或曾被自戀型的同學或師長校園霸凌等。

我根據《DSM－5》和自戀型人格障礙的相關心理學知識，再結合我個人與諮詢者和自戀型人格障礙者交往的眞實體驗，整理與總結出了自戀狂最明顯的十二個特徵。

一、自大、自負、自命不凡

自大、自負是指一種喜歡誇大自身成就、才能、人際關係和社會經驗的行爲表現。

自戀狂過度認同名氣、權力、金錢和地位的影響力，病態地堅信自己超乎尋常地重要、自己對外界的影響力極其龐大、自己比任何人都要尊貴，若沒有得到他人的注意、讚揚和追捧，就會覺得自己毫無價值。因此自戀狂多半都沉浸在自己功成名就的幻想裡，並且深信不疑，生活中也會表現出好面子、講排場的樣子。要是眞的發了財、出了名，或社會地位提升，他們的病態自戀和自我膨脹也會變得更爲嚴重。

「自命不凡」是自戀狂自大、自負的延伸。社會新聞裡常常會有富二代違法犯罪被捕時大放厥詞：「我爸是ＸＸ！」或在戀愛時強勢地宣稱：「你知道我是誰嗎？追我的個個大有來頭！」這都是典型的自命不凡表現。

對於自戀狂來說，無論是否具備狂妄的本錢，他們始終認爲自己理應享受特殊待遇、不管自己需求是否合理都該被滿足。所以生活中，他們往往會表現得喜歡指使他人，無法以平等、尊重的方式與他人溝通。

如果他們被冷處理、需求沒被滿足，就會認爲「都是別人的錯，怠慢了尊貴的自己」，然後出現憤怒、沮喪、憂鬱的情緒，甚至還會記仇。

如果這個人總愛把自己包裝得很優秀、很成功，或者總是要求身邊的人要跟他一樣好，很明顯就是自戀狂。

二、打擊及否定

自戀狂時常會認爲對方有哪裡不好、哪裡不對，因爲他們見不得身邊的人比自己好。上傳一張修圖的美肌照片，他們會說：「很假、很虛榮」；上傳一張眞實的自拍照，他們會嫌棄地說：「長得醜就不要出來嚇人」；考上自己滿意的學校，他們會輕蔑地說：「只有世界排名前十的大學才值得去」；找到自己滿意的工作，他們會不屑地說：「這種工作只有你這樣的人才會覺得滿意」等等。

與自戀狂相處，常會覺得自卑、困惑、壓抑、空虛。但是如果表達自己的不滿，又會被他們否定。

「認知否定」是一種非常隱晦的精神虐待，透過否認他人的情緒、意願和感受，消極地評價他人「太敏感」、「有被害妄想」、「瘋了」……讓人覺得被徹底否定、孤立，最後導致產生自我懷疑。這種精神虐待方式是慢慢滲透的，如溫水煮青蛙一般不易察覺，等到反應過來早已產生習得性無助和心理創傷。

這也反映出自戀狂極端的控制欲，甚至想控制他人的思考方式，好讓自己持續處在被羨慕、被景仰的高位。

如果在相處過程中察覺到自己常常被打壓、質疑和否定，就要有所警覺。請退一步冷靜思考，堅持自己的立場、意願和認知。請注意！自戀狂只看得見自己的感受和意願，他們極端的控制欲也會大幅地壓制他人的眞實意願和情緒，傷害身心健康。

三、勢利、追求物質、愛慕虛榮

自戀狂只肯定外在價值，所以他們會打量與攻擊他人，譬如：「連瘦個幾公斤都做不到，你還能做什麼？」、「爲什麼用這麼廉價的保養品？」、「你穿的是什麼雜牌？看起來很沒品味！」、「這麼落後的地方怎麼能住人！」等等。

如果不具備自戀狂認可的外在價值，他們的刻薄、貶低，會讓人無地自容；相反地，要是外在價值兼具，就會看到他們諂媚、熱情的一面。譬如：「天啊！這是限量款嗎？太有品味了！」、「你家眞豪華啊！多謝款待！」、「你長得眞好看，說什麼都對！」等等。

因爲自戀狂無法藉由非物質的方式衡量自我價值，因此長期相處下來，可能得花很多錢，來不斷滿足他們物質上的需求、給足排場和面子，以維持彼此脆弱的關係。

然而不論是處在哪種關係裡頭，自戀狂都會堅持自私自利的原則，更不在乎他人因此遭受的傷害。

勢利、追求物質、愛慕虛榮，也讓他們對自認的「低位者」隨意指責或羞辱。像是在餐廳辱罵服務人員、在工作中指責職位比自己低的同事、在親密關係中忽視討好自己的伴侶，甚至是在親子關係中看不起孩子。

要求外在價值的他們，也會高度期望他人達到自己認可的水準，例如：「我的伴侶就必須是有頭有臉的成功人士」、「我的孩子必須是第一名」、「我的朋友必須長得好看又有錢」等等。

觀察一個人是否過度在意自己的外在條件、是否百般挑剔別人的外在條件，是判斷其自戀程度的重要依據。

四、情感體驗膚淺

自戀狂對於親密關係的價值觀往往十分膚淺。如果詢問他們：「你覺得對方的什麼特質最吸引你？你覺得自己有什麼特質最吸引對方？」答案通常不會背離「因爲他好看」、「因爲他有錢」、「因爲他有名氣」等外在價值，毫不關心對方的性格特質、眞實經歷、人格狀態、情感模式、原生家庭等。

自戀狂的愛情模式也一樣膚淺，不是「一見鍾情」，就是「閃婚」。常常轟轟烈烈地開始，沒多久便興趣索然。想當然耳，這樣的愛是有形無質的，很快就陷入空虛。想與自戀狂進一步深入發展情感關係，往往會發現光鮮亮麗的外表底下，一無所有。

然而自戀狂前來諮詢，通常不是爲了學習平等地溝通和相處，也不是要與另一半建立深層的情感連結，而是把目標放在如何贏得與伴侶的情感博弈，推卸自身在關係中需要承擔的責任。若要繼續探索情感、性格、情緒層面的問題，他們通常都會表現得不感興趣、難以理解且缺乏耐心。

五、缺乏同理心

看到別人難過時，我們也會覺得悲傷；看到別人開心時，我們也會感染到那份快樂等等。人類是群居動物，這種換位思考、將心比心的能力是腦部神經系統的正常反應，也是與他人建立情感連結所需的關鍵能力。然而自戀狂身上缺乏這種能力，他們只在乎自己的感受和情緒。

缺乏同理心的人難以識別和理解他人的情緒，也不容易認同或認可他人的經歷和感受，更無法意識到自己的行爲對他人造成的影響。

我還記得自己與自戀狂相處的痛苦體驗。

大學時期，我和室友小美約好週末一起逛街。我因為暈車，下車後在路邊吐了。當時小美站在旁邊，沒有關心我，也沒有照顧我，而是一直抱怨：「看你吐成這個樣子，我都沒心情逛街了。」

小美的刻薄讓我無比震驚也非常無助。我在路邊吐完後，獨自拖著狼狽的身子去便利商店買礦泉水和溼紙巾，還坐在店裡休息了一會兒。走出店門時小美已經離開，只發了一則簡訊給我：「被你害到心情很差，我先回去了。」

當下的我有些崩潰，在路邊呆了好久。即使事隔多年，那個週末的體驗對我來說依然很糟糕！

還記得當我拖著疲憊的身體、強忍難受的感覺回到學校宿舍，還沒來得及說什麼，小美就先發起攻擊，說她週末的好心情都被我弄壞了，還表示以後不想再跟我去逛街……。全然不關心我當下身體和心情多痛苦，更全面否定我的情緒和自尊。

如果自戀狂不開心，會覺得所有人都應該和自己一樣不開心，也許還會攻擊當下開心的人；如果他們心情愉悅，身旁的人卻因爲某事難過，就會被指責爲「破壞心情」、「很煩人」。一般來說，人際交往的過程中，自戀狂從不主動關心或理解他人的感受，卻往往會強勢地要求他人理解和滿足自己，造成身邊的人總是備受壓抑、很委屈。

交往初期，自戀狂缺乏同理心最明顯的表現，就是在他人傾訴心事時哈欠連天、漫不經心地東張西望、心不在焉地玩手機，或是說自己有事要忙，回頭再說，然後就不了了之。

六、缺乏良知和自省能力

缺乏良知和自省能力的人，不論做了多麼邪惡的事，都不會愧疚，也不覺得自己有問題。這在相處初期並不容易察覺，因爲自戀狂會模仿紳士或淑女的禮儀，克制自己的不良言行。

如果在敘述自身經歷、生活困擾時，將一切都歸咎於外界和他人，一口咬定自己只是受害者、沒有任何問題，就表示他不具備基礎的自省能力，更缺乏同理心。他們無法感知到自己的行爲如何影響他人，所有事情都只按照自己的喜惡和意願。既然無視客觀現實，自然不會出現愧疚和悔過之意。

這是人格障礙者非常明顯的一種表現，特別是自戀型人格障礙者更是如此。不論雙方發生了什麼衝突，自戀狂都會堅定地指責是對方的錯，而且他們還眞的堅信「都是你的錯」。

七、控制欲極強

正因爲自戀狂有著自我認知障礙，外界回應的好壞，會直接影響他們認知的自我價値，因此他們也會對外界和他人有著強烈的控制欲。自戀狂爲了讓自己感到優越、高人一等，極度需要外界符合自己的主觀期待，進而忽略他人的意願、無視他人的拒絕，更會壓制他人的情緒等等。

自戀狂還擅長扭曲事實，爲達目的不擇手段，讓人不知不覺中陷入以他們的需求和意願爲主的交往模式，卻不斷覺得困惑、委屈且壓抑。

通常在相處初期，自戀狂就會對身邊的人進行情緒勒索，最常用的手段就是打壓、道德綁架和博取同情，比如「我希望你變得優秀」、「別人家的孩子不會像你這麼不乖，我都快被你氣到心臟病發」、「你給我的壓力眞的太大了，所以我才會情緒失控」、「如果不是因爲太想你，我也不會監視你」等等。

曾有一位深陷憂鬱、討厭上學的求助者小玉。媽媽帶著她一起進行線上視訊，過程中因爲小玉媽媽強烈的控制欲，讓過程阻礙重重。

一開始，小玉就哭著說：「我因為焦慮失眠了很久，沒辦法專心看書，我覺得考試壓力太大了。前幾天小考的時候，我緊張得吐了，然後被老師帶到學校醫務室……。」

「這有什麼好緊張的！大家都在考試，就你一堆花樣！為什麼別人都能承受這份壓力，你就不行？」沒等小玉把話說完，她媽媽就開始生氣地指責小玉。隨後，她媽媽提高了音量對我說：「我和她爸爸都是高材生，我們的孩子怎麼可以考不上頂尖大學？光是考試就怕成這樣，真是讓我們失望透頂。小芮，你快教教我的孩子該怎麼堅強、勇敢一點！」

短短幾分鐘，我就清楚知道小玉會有憂鬱症，多半是出於她強勢的母親。她在孩子表達內心真實的痛苦情緒時，第一時間就打斷孩子，更否定小玉的情緒，消極地評價這都是「搞花樣」和「沒有抗壓能力」。更不用說她無視小玉在考試過程中出現的生理異常及生命安全，企圖用自己「理想的孩子」取代「現實的孩子」，一廂情願地認為「我的孩子應該和我一樣也是高材生」。

這位母親不是為了傾聽孩子的內心、舒緩孩子的情緒、解決孩子遇到的問題而來，而是企圖控制她的孩子，以符合她的期待。好像小玉不能符合她的期待就不配存在，無視孩子身為獨立生命個體的意願、權利和自由……。

視訊另一端的小玉已經泣不成聲，低著頭表現出焦慮、委屈和恐懼，但是她媽媽卻沒有察覺，更不加理會，依舊自說自話，指責孩子不爭氣。我隨即向小玉的媽媽表示，目前的情況不適合三個人一起對話，請讓我先單獨和小玉溝通。

小玉的媽媽離開後，我才得以耐心地傾聽小玉完整的真實情緒和內心困擾，並為她梳理情緒、探索需求，再說明她該如何重建自我。

如我所料，小玉會得憂鬱症，主要是因為控制欲極強的媽媽。只要小玉不符合媽媽的期待，就會遭受猛烈的攻擊。長時間的語言暴力和肢體暴力，讓小玉無比壓抑且無助，造成了嚴重的心理創傷。她無法承受因為沒考好得面臨的嚴厲懲罰，最後對考試產生嚴重的恐懼，也因此罹患了憂鬱症。

孩子有心理疾病，真正病態的通常是父母。小玉媽媽的言行反映出她非常自戀。然而，自戀狂缺乏同理心的特質會讓他們無法自省，所以不會認為自己有問題。令人惋惜的是，自戀型父母的個性通常難以改變，因此孩子在成年離家前所遭受的身心虐待也無法避免。

好在小玉媽媽願意讓小玉參與線上的心靈成長課程，我也盡力在有限的時間裡陪伴小玉化解來自父母的心理創傷，練習如何自我保護。

留心身邊人對日常事物的控制欲，如果發現有人認定一切都需要以他的意願、他的需求為主，不達目的誓不甘休，就要權衡自己在與這個人相處時的付出，不要一味迎合他們。

八、急躁易怒、情緒無常

沒有人可以控制外界和他人。因此，對外控制欲極強的自戀狂經常會體驗到失控帶來的無助和憤怒，這也是他們情緒無常的主要原因。

再看看小玉的例子，無論小玉媽媽使用哪種方法將孩子變成自己期待的樣子，小玉都有方法拒絕控制，憂鬱症就是即使傷害自己也不願被控制的抵抗方式。小玉媽媽氣急敗壞地攻擊、指責小玉，正是因為發現自己無法控制孩子而產生的失控反應。

自戀狂失控的憤怒是持續的、經常的、具破壞性的。只要現實的失控反應持續存在，他們的憤怒便難以平息。自戀狂缺乏自省和現實適應性，所以憤怒常常會升級成語言或行爲暴力，比如大吼大叫、侮辱、謾罵、扔東西、拳打腳踢等等。他們透過威脅、暴力來宣泄失控的憤怒，企圖找回控制感、讓被攻擊者順從。這也是爲什麼大多數自戀狂都伴隨著暴力傾向。

一個人是否有人格障礙，可以從憤怒的誘因是否都歸咎於外界和他人來加以判斷。

九、敏感、多疑

由於自戀狂是極端的利己主義者，時常物化他人、功利地看待一切，所以也充滿了敵意、懷疑和防備。

他們始終懷疑他人心術不正、想算計和利用自己；也總是防備自我的隱私，卻全面監控伴侶或孩子的消息和行程，更不用說偷看日記、翻查通訊錄，甚至偷偷跟蹤，都是他們常做的事。

自戀狂如此監控身邊的人，並不是出於關心。他們毫不在意別人的日常，卻異常敏感別人對自己的反應。他們匱乏的內在和脆弱的自尊，導致他們堅信世界上只有兩種人：崇拜他們的愚蠢討好者、算計他們的惡毒壞人。要是發現別人比自己聰明、有才能、有成就，自戀狂並不會欣賞，只會更加防備，視之為「會威脅到自己地位的敵人」。

十、善妒、十分好鬥

自戀狂善妒、好鬥，也是從敏感多疑發展而來的。由於總是充滿敵意地看待外界、總渴望站在高位獲得特權，所以自戀狂缺乏與他人平等合作的能力。他們多半有強烈的競爭意識，也會嫉妒他人的成就而表現出攻擊性，就算是伴侶有所成就也不例外，因為那會讓他們處於關係中的「低位」，讓他們覺得有威脅。也因為善妒，所以對關係中另一方的詆毀、打壓、貶低，幾乎到了永不間斷的地步。

許多人誤以為自戀狂敏感、善妒，是因為太在乎自己、太喜歡自己，卻忽略了自戀狂關心的，只有那處處覺得受威脅的脆弱自尊。

自戀狂常常會莫名指責伴侶不忠，但通常他們才是花心的那個，更不在乎自己出軌對伴侶造成的傷害。對大部分的自戀狂來說，腳踏多條船也是在展現自己的特權和魅力。他們需要大量的崇拜、讚美和關心，來滋養內在脆弱、外在膨脹的自我。

如果你的伴侶善妒，可能不是因爲太過愛你，而是人格障礙的表現。

十一、謊話連篇

他人的仰慕和讚美是自戀狂的內在核心動力，也是他們感知自我價值的唯一途徑。所以，大多數的自戀狂都會誇張地塑造虛假、優秀，甚至完美的自我形象。

爲了滿足他們的虛榮心，幾乎可說是無所不用其極，這也是他們撒謊成性的主要原因。爲了維護自己的面子、擺脫困境、免受指責、免擔責任，自戀狂什麼謊言都說得出來。許多嚴重的病態自戀狂甚至能騙過自己，通過測謊儀的考驗。

十二、害怕獨處且情感不忠

由於自戀狂透過外界的注意、讚美來維護自我，所以他們害怕一個人，無法面對獨處的空虛。也因爲如此，建立多樣的情感關係、維持人際界線模糊，對他們來說更是不可或缺的一部分。

以上十二項就是自戀狂較爲明顯的特徵，並非醫學診斷。希望能夠幫助大家徹底瞭解、敏銳識別自戀狂的特質和行爲模式，避免與自戀狂長久相處，導致身心受損。

如果發現身邊的人只符合上述三點特徵（或不足三點），而且多半都是偶發情況，還是具有基礎的同理心和自省能力，那麼他們就不屬於自戀型人格障礙者。每個人多多少少都會有點有自戀，或是控制欲很強。但是，如果身邊的人符合上述超過三點以上，而且這樣的行爲模式一直穩定且頑固地持續著，還無法同理他人、缺乏自省能力，那麼這個人大概就是一個自戀型人格障礙者。

該離開，還是留下來崇拜？

——與自戀型人格障礙者相處的合適邊界

健康的關係是雙向平等的，而不是如同與自戀狂相處時這樣，一方永不滿足地索取，一方被迫犧牲和付出。老實說，與自戀狂只能建立病態的奴役關係。

希望這一章能夠幫助你瞭解、識別自戀狂，以便做出明智的選擇，展開眞正健康、滋養身心的生活。

如果能在相處初期就敏銳識別出對方是自戀狂，就可以盡力減少在生活中有過多交集、停止發展出長久且親密的關係，避免一場身心的災難；如果相處多年後才明白對方是自戀狂，發現自己損失慘重時也別灰心喪氣，你依然能夠勇敢地選擇離開，重新開始，找回屬於自己的幸福。

五個做法，擺脫自戀狂

當然，離開自戀狂並不容易。受虐者長期遭到否定，會產生習得性無助，更害怕面對分離和孤獨。控制欲極強的自戀狂發現對方想離開時，也不太可能爽快答應。但是如果選擇離開，受虐者可以參考以下五種做法：

▪做法一、停止認同和犧牲。

停止認同自戀狂的打壓、挑剔和貶低。面對他們有意無意的指責，請明確地回應：「我不這麼認為。」或者藉故離開，不予以回應。最重要的是，明白他們的負面評價是出於人格障礙，而不是你真的有問題。請務必從心理不認同、不在意自戀狂的否定。

接著，不要再犧牲自己的意願來滿足自戀狂的需求。請嘗試把自己的意願放在第一位，因為期待他們尊重你的意願是不切實際的。過程中，自戀狂可能會加強指責和攻擊，請理解這是他們的習慣使然，允許他們這樣做，但要切記不予以回應、不再給予關注。

如果與自戀狂在當朋友、剛戀愛時，就發現對方是自戀型人格障礙者，接下來請慢慢減少對他們的關心，降低聯絡頻率，冷淡地相處。如此一來，自戀狂無法在你這裡滿足「被欽佩」、「被讚美」、「覺得虛榮」的需求，就會離開到別處尋求，你便可以慢慢從這段關係中抽身。

■ **做法二、將自己的真實情況告知信任的家人和朋友。**

與身邊的人分享自己受虐的痛苦經驗，承認自己遇人不淑，確實需要勇氣。但是既然你都決定離開自戀狂，就要拋開面子，與信任的人如實地分享苦衷。這樣即便自戀狂失控攻擊、將所有錯誤全部歸咎於你，還是有所後援，也有安全的容身之所，不至於孤立無援。

嚴重的病態自戀狂在受虐者離開時，還可能會騷擾受虐者的家人和朋友。所以事先和家人、朋友溝通，也能讓他們做好心理準備和安全防護。

■ **做法三、斷開所有聯繫，包含不回應、搬家或換手機號碼。**

如果決定離開自戀狂，斷聯和不回應是最好的策略。自戀狂進入失控狀態後，你的任何回應（包括黜臭、爭執、辯論等）都會「建立聯繫」，讓他們想盡辦法奪回對你的控制，導致你陷入牽扯不清的困境。

嚴重的病態自戀狂可能還會出現威脅或暴力行爲，因此也有必要搬家、換手機號碼。如果兩人有共同財產，也請提前更換密碼，確保人身和財產的安全。

▪ 做法四、在社交媒體上謹言慎行。

若非必要，請不要在社交網絡或朋友圈中聲張。若爲了逞一時之快，曝光自戀狂的惡劣行徑，可能會讓你置身險境。自戀狂的內在自我意識非常偏頗，能爲了他們極度在乎的面子，不惜付出任何代價。最常見的是訴諸法律，告你毀謗。儘管你描述的內容多半是事實，自戀狂也不會承認，更不會放過你。

▪ 做法五、接受心理諮商或治療。

無論是離開自戀型伴侶，還是走出自戀型父母帶來的心理陰影，對受虐者來說，接受心理諮商治癒身心創傷是非常重要的。

就算堅定地離開，承受住自戀狂的虛僞求和或兇狠威脅，並擺脫自己的分離焦慮，也需要很長一段時間來療癒這一切帶來的心理創傷。別擔心，意識到自戀狂的問題、認清對方、勇敢地離開消耗自己的關係，這就是一個很好的開始，你已經邁出勇敢的一步。

如果是自戀狂提分手或要斷絕關係，就爽快地答應吧！果斷開啓新生活。雖然自戀狂事後可能會抹黑你、扮演受害者，好維護自己的形象，但是別忘了自己是幸運的，不要回應，任何回應都只會讓雙方的虐待關係持續牽扯不清。

不關心、不回應、不聯繫、不交集，就是與自戀狂分離最有效的策略。

五個策略，讓傷害降到最低

很多人會以各種理由留下來，像是孩子、財產、恐懼、觀念、習得性無助等，有人甚至還是愛著自戀狂。如果選擇繼續留在自戀狂身邊，就需要適應殘酷的現實。

如果暫時無法離開也情有可原，以下提供一些策略，能夠將傷害降到最低。

▪策略一、放下期待。

如果選擇繼續留在他們身邊，只能適應並接受自戀狂極難改變的事實，不再期待平等、相互尊重，瞭解到相處中只有無盡的卑微和孤獨。

■ **策略二、要習慣犧牲與付出**。

自戀狂永不滿足，更會無盡地索取物質和關心。如果選擇繼續留在他們身邊，就要將他們的所有需求放在第一位，並盡可能地滿足。也別忘了頻繁地給予他們大量的讚美和仰慕，讓他們的情緒維持穩定。

■ **策略三、接受控制**。

將控制權讓給自戀狂，表現得聽話一點、順從一些，這樣能夠得到他們一定程度的青睞，才能繼續維持病態關係。

■ **策略四、放棄與自戀狂分享的欲望**。

如果依然想與自戀狂繼續相處，就別再與他們分享情緒、感受、日常。因爲要是分享成就和快樂，會讓他們心理失衡而出現攻擊行爲；若與他們分享痛苦和悲傷，則會被萬分嫌棄。這些日常分享非但不能獲得情感支持，反而會讓你遭受雙重打擊。如果還是很想分享，可以選擇向信任的家人和朋友傾訴，一樣能夠得到支持。

▪策略五、放棄幻想拯救自戀狂。

就如同主人不會爲了奴隸放棄權力，自戀狂更不會爲了受虐者改變。受虐者需要時時提醒自己：「我的價值不由自戀狂定義」、「我拯救不了自戀狂」，並且堅定地保持自我，不要認同自戀狂的打壓和操控，也放棄幻想自己能改變自戀狂。

與自戀狂相處就像牙痛，唯有面對問題才能根治，不能逃避，也不能任其自由發展。牙痛會隨時讓你體驗到自已正在經歷痛苦，然而唯有恢復清醒，才能開啓自救。

CHAPTER 02

〖看我！快看我！〗

戲劇型人格障礙者

HISTRIONIC PERSONALITY DISORDER

「你們看看我家孩子多不聽話！真是家門不幸！」

「失去你，我的眼淚已經流乾，人生黯淡無光！」

「那個網紅我很熟，還知道他的祕密！我們一起吃過飯，他說要認我當大哥！」

你有「戲精」一般的父母、伴侶或朋友嗎？他們有時候是委屈到讓六月飛雪的可憐竇娥，有時候卻是電影《鐵達尼號》（*Titanic*）裡為愛犧牲的傑克，時而還會化身成電影《刺激一九九五》（*The Shawshank Redemption*）裡在雨中咆哮的安迪，或是《甄嬛傳》裡黑化的「鈕祜祿．甄嬛」……他們一下文藝矯情，一下變成專業經理人，這下又和你上演姊妹情深，讓你既震驚又困惑。

一開始接觸這類「人來瘋」的戲精，也許會讓你印象深刻，覺得他們熱情、有趣。如果深入接觸後，就會被無盡的虛假表演，極不穩定的情緒，毫無徵兆的攻擊與背叛，消耗到再也無法信任他人、身心俱損，甚至產生社交恐懼的問題。

這類的「戲精」，就是生活中常見且危險的——戲劇型人格障礙者（後簡稱「表演狂」）。

哪一個才是真的你？

——與戲劇型人格障礙者相處時的感受

戲劇型人格又可以說是「求矚目型人格」、「歇斯底里型人格」以及「心理幼稚型人格」。這類型的人格障礙者活在自己不切實際的幻想舞台上，其脫離現實、沉浸於幻想的表演狀態，會讓身邊的人長期被虛情假意迷惑，難以感知眞實，最後出現下述六類身心問題：

一、困惑

「到底哪個才是眞實的他？他承諾的事還算數嗎？我們到底是不是戀人？他爲什麼做了那麼多背叛我的事，卻可以在我的面前一臉無辜……。」

小兔向我傾訴了痛苦和困惑。她正因爲男友阿魚的劈腿行爲而煩惱。

男友阿魚對我滿好的。他是溫柔、體貼又浪漫的弟弟，時常手捧鮮花說我是他的唯一。我一直覺得我們戀情很穩定，也很幸福。

然而前幾天，我在滑手機的時候，驚訝地發現他的前女友，在社群媒體上傳了一張和他去旅行的親密近照。我趕緊向阿魚詢問他和前女友的情況，怎知道阿魚說我才是第三者，他和「前女友」一直沒分手。他沒有告訴我，是怕傷害我，也害怕「前女友」不高興。他的回答讓我十分震驚。我要他兩人之中只能選一個。想不到他為此勃然大怒，指責我管得他喘不過氣來。他還激動地說，為了我和他的「前女友」，他承受了非常大的壓力、做出了極大的犧牲，就像把自己的靈魂出賣給惡魔。他還表示沒辦法和我們兩個分開，所以做不了選擇，還質問我為什麼不體諒他。

這一切發生得太突然，我不明白為什麼會這樣，不明白我做錯了什麼可以讓他如此憤怒。過了幾天，他卻好像什麼都沒有發生過一樣，跟我約定一起度假、送我情人節禮物、關心我的日常起居、陪我聊天……我出於好奇，聯絡了他的「前女友」，她表示兩人依然在戀愛狀態。其實她並不知道我和阿魚已經交往半年了。

說到這裡，小兔困惑地問，阿魚是不是人格分裂？

我告訴小兔，阿魚不是人格分裂，而是「戲劇型人格障礙者」。

阿魚在他「前女友」那邊是個成熟、照顧人的哥哥；在小兔這邊則是體貼、浪漫的弟弟。對於阿魚來說，這兩個角色都是真實的，也是獨立存在的。兩邊的劇本不同，相互之間不需要承擔責任。所以阿魚很可能無法理解小兔對於他劈腿這件事所受到的傷害。

阿魚會生氣，是因為他覺得小兔沒有做好「觀眾」的角色，配合他完成兩人之間的「姐弟戀劇情」，於是憤怒地獨自埋怨了幾天。調整好狀態之後，他又拾起姐弟戀的劇本，重新開始表演。阿魚沒有意識到自己的行為前後矛盾，自然也不覺得自己有任何問題，於是表現出「好像什麼都沒發生一樣」。

這就是表演狂最讓人困惑的地方，他們隨時都在不同的劇本和角色間穿梭，也不知道哪個是眞的自己，也不清楚自己眞實的情緒和意願。

要是長期與他們相處，就會發現他們透露的資訊和行爲邏輯是混亂的，永遠無法獲得穩定且確定的答案。我們始終不明白兩人之間發生了什麼事、那些誇張的情緒是爲何而來，更無法和表演狂溝通清楚……因爲再過一會兒，他們的劇本和角色就變了。這種無法解開的困惑，必然會導致焦慮和壓抑。

二、信任瓦解

在聚會或社群平台上，最容易結識能活躍氣氛、開朗有趣又主動的表演狂。他們會熱情地說：願意和你當最親密的朋友或戀人、和你一樣討厭聚會裡那個紅頭髮的男孩……，他們完全理解你當下的所有情緒和觀點。

如果不明白表演狂的行爲邏輯，或許會輕易相信彼此可以建立深厚堅固的關係，可能也會天眞地以爲自己是最特別的存在。然後，也許就此毫無防備地與表演狂互訴情衷，說出自己內心深處的祕密，眞誠地讓他們走進自己的生活圈。

然而沒過多久就會發現，到了下次聚會，向他們傾訴的祕密卻變得人盡皆知。因爲表演狂爲了結識「新朋友」，可能會把祕密當成聊天話題，以獲得別人的關心。這樣一來，不僅彼此之間的信任瓦解，也會對建立起的關係失望。

更棘手的情況是，意氣相投的表演狂會毫無顧忌地向你的另一半展露魅力，最後發生過度親密的接觸。你更可能在某天驚訝地發現，這位表演狂和被黜臭的紅髮男孩竟然是「朋友」，而且已經知道被你討厭，便毫不掩飾地展露出敵意和惡意。

或者，也會發現有戲劇型人格障礙的伴侶，當初所做的海誓山盟、浪漫的事，轉眼間如雲煙般消散，再也不關心你的日常，也不覺得需要履行他們的諾言。

表演狂脫離現實的表演、病態渴望受到矚目的行為邏輯，會在關係裡反覆上演，深陷其中的人也會體驗到無盡的失望與傷害。

三、缺乏安全感

長期陷在不真誠的關係裡，身心都會出問題。

表演狂由於長期背離現實，只活在幻想劇場裡，勢必也會在關係中帶入虛假的一切，長期忽略真情實感。

一旦再也無法相信親密關係中的另一半，你的安全感也會隨之減弱，甚至消失。剩下的只有難以言說的痛苦和無奈。

四、人際關係緊張

如果曾錯信過表演狂，將祕密與他們分享，很快就會迎來「社會性死亡」。他們會在下一個劇本、下一次表演中，毫無顧忌地出賣你的祕密。

若與表演狂有著親密關係或朋友關係，當彼此發生衝突時，他們大概就會上演被辜負、被虐待、被傷害的戲碼，逢人就聲情並茂地數落你的不是，捏造彼此相處的種種，只為了得到更多人的注意和支持。你百口莫辯、承受人際關係緊張的狀態，甚至是輿論暴力帶來的壓力。

五、社交恐懼

與表演狂相處後，會逐一體驗被出賣、被背叛、信任瓦解、社會性死亡和人際緊張等消極體驗，甚至會經歷眾叛親離和網路暴力。假以時日，更可能產生社交恐懼，社交能力也會變差，心理更變得脆弱、敏感，甚至迴避社交。

六、身心疲憊

長期的困惑、壓抑、失望、悲傷、人際關係緊張、信任瓦解及社交恐懼，會嚴重消耗身體與心理狀態，讓你變得多疑、敏感、身心俱疲，更容易患上各類身心疾病。

這種身心疲憊與自戀狂造成的持續「自我懷疑」不同，表演狂多半會帶來更多外界的敵意和攻擊，使你名譽受損、孤立無援。

表演狂極度容易失控的情緒，也會造成受虐者的心理創傷。由於他們的內心戲實在太豐富了，發生衝突時通常只會按照自己腦補的情緒攻擊、傷害別人。而且因爲他們缺乏同理心，雙方難以達成溝通和理解，受虐者只能持續陷在委屈、無法言說的焦慮和精疲力竭之中。

瞭解這些之後，你是否就能察覺到表演狂的面具背後隱藏著可怕的惡魔呢？你是否會好奇當初自己究竟怎麼被這些「戲精」深深吸引，一步步深陷其中，到最後澈底崩潰呢？

≡ 聚光燈下的主角
——為何被戲劇型人格障礙者吸引？

在社交圈中，表演狂通常都是充滿魅力、讓人印象深刻的。他們外表光鮮亮麗、性感誘人、熱情、有趣，還很古靈精怪。

由於愛演、愛表現，表演狂可能眞的會像電影《大話西遊》（**編按：一九九五年首映、由周星馳主演的兩部香港電影《齊天大聖東遊記》《齊天大聖西遊記》之統稱**）裡的至尊寶一樣，踩著七色雲彩來追求你這位「紫霞仙子」。譬如在演出的舞台上對你大聲告白、在大雨中衝到你家樓下爲你唱歌、爲你精心布置浪漫場景當成驚喜，或是誇大對你的愛意與海誓山盟。

表演狂的內心戲十分豐富，追逐他人矚目的過程也可能十分浪漫、充滿驚喜。這也是許多人爲表演狂著迷的原因，畢竟最初表演狂營造的劇場和夢境太過美好。

以下將介紹表演狂的四種魅力特質如何讓人掉入陷阱：

一、熱情、充滿活力、古靈精怪

如果有個外型出眾、多才多藝、機靈有趣又受矚目的人，用各種搞怪、討喜的方式逗你開心、引你關心，還利用各種熱烈的方式追求你，是不是會有一點動心呢？

表演狂往往一現身，就能夠以獨特的語言風格、行事方式，及大方、自信、主動的社交表現得到大家的好感。

如果他們發現眾人對於愛出鋒頭的行為很反感，可能會快速變換戲路，哭著向我們傾訴自己的悲慘經歷，充分示弱。或是親切地進行交流，直到感覺重獲矚目和好感。

比起總想高人一等的自戀狂，表演狂在社交方面的表現更討喜一點。

二、性感誘人、充滿情趣

表演狂非常樂於與他人分享自己身體的性感之處與優勢，這本身也是一個非常吸睛的舉動。

若是在某個品牌發表會上，有位美女衣著大膽、性感，豐乳肥臀，還大方地搔首弄姿供攝影師拍攝；有位帥氣男模大方展示自己的八塊腹肌，還慷慨地允許你隨意觸摸……，一般人可能會覺得這樣的人充滿魅力。

表演狂在日常的人際交往中，多半都是處於這樣的狀態。就算不太熟，也可以表現得很親密。雖然有時會讓氣氛有些尷尬，但還是有少數人會因此動心。

三、多才多藝、吸引目光

因爲極度渴望他人的目光，表演狂通常都具備一些技能，比如角色扮演、能歌善舞、口若懸河、才思敏捷等，種種才藝都讓他們看起來很有趣，充滿魅力。

四、忽冷忽熱、充滿刺激

由於表演狂爲舞台而生、爲劇本角色而活，基本上沒有穩定的自我，也因此常常忽好忽壞地極端反覆，情緒也非常容易失控。

健康的親密關係通常較爲平和，波動較小。然而與表演狂相處，他們變幻無常的劇本、角色和反應，會讓你的情緒如雲霄飛車般跌宕起伏，覺得困惑、患得患失。許多人誤把這種強烈的情緒起伏當成「心動」的感覺，而深陷在情感困境之中。畢竟雖然痛苦，有時卻相當著迷，甚至令人上癮。

「虐戀」往往帶來更豐富的感官刺激。但是歷經長期的精神虐待，只會陷入習得性無助，變得更加渴望重回當時的美好時光，更麻木地忍受表演狂因情緒失控帶來的攻擊和傷害。

以上是表演狂在人際交往初期展現的四種魅力。由於熱情、風趣、人際界線模糊，往往會吸引很多不那麼認識他們的人，其中當然不乏也有一些自身問題，像是以下這三種：

一、成長經歷缺乏關愛與關心

由於表演狂的行爲都是爲了受到注意與關心，所以他們也會病態地覺得所有人都和自己一樣。因此表演狂在相處初期會對他們有興趣的人表現出高度的注意力，像是在社群平台上瘋狂替對方的貼文點讚、留言互動；熱切地關心對方的日常；刻意討好或出其不意地帶給對方驚喜等等。

十分迷戀表演狂的受虐者，往往都是因爲原生家庭缺乏愛與關心，所以難以招架表演狂的熱烈追求。然而相處中卻會漸漸從天堂墜入地獄，最後失去自我。

二、具有自戀型人格障礙

自戀型人格障礙者極度渴望站在關係的高位、享受他人的讚美和崇拜，因此也就容易被「力求矚目、願意迎合、討好」的表演狂吸引。

表演狂追求對象時會獻上鮮花、豪車、美酒、戲劇性的告白等，不僅熱烈，還充滿戲劇性又誇張。他們總有辦法吸引人群的目光，也往往能滿足自戀狂對外在虛榮的追求。

表演狂之所以能夠自編、自導、自演，以善變風格與自戀狂相處，就是因爲自戀狂只關心自己，察覺不到表演狂的內心戲和行爲變化。再加上這兩種人格障礙者都缺乏同理心，相處時只會沉浸在自以爲是的狀態，意外地能夠相安無事。等到表演狂因爲得不到自戀狂的矚目便改爲扮演受害者，呼朋引伴攻擊對方；自戀狂爲了維護自己的形象，也會無所不用其極地進行反擊，於是兩人就進入虐戀關係和敵對狀態。

三、充滿拯救欲

表演狂善於扮演受害者，激發他人的同情，讓受虐者被道德綁架，不敢輕易傷害他們，卻還天眞地以爲自己能「拯救」他們，進而越陷越深。

雖然自戀狂也會博取同情，但兩者動機並不相同。通常自戀狂扮演弱者，是要替自己監控對方行程、限制對方社交與金錢花費等控制行爲找藉口。直到對方無法忍受時，自戀狂才會扮演弱者，表示這一切都是有苦衷的。像是：「我太愛你了，才會關心你的一舉一動」、「我父親曾傷害過我，所以我沒有安全感，需要知道你的一切」等等。

不論是自戀狂還是表演狂，他們都沒有愛的能力，更不懂得尊重、看見他人的眞實意願和存在，卻常常以愛的名義控制和索取他人的關心、情感和付出。要是不瞭解他們，就容易被他們操控得暈頭轉向，還誤以爲這一切就是「爲愛瘋狂」。

三、解析誇張行為，看透戲精的本質
——一眼看透戲劇型人格障礙者

許多問題人格者兼具表演狂與自戀狂的特質，既危險又充滿迷惑性。事實上，戲劇型人格障礙者的危險性並不低，甚至不亞於自戀型人格障礙者。

接下來，請一起來瞭解表演狂最明顯的十二個特徵，看透他們「人生舞台」背後的眞相。

一、愛出鋒頭，就是要你看

不妨隨意打開一個網路影音平台，就能看到熱門影片裡充斥著許多具有戲劇型人格特質的人物：

他們誇張地演繹毫無邏輯的動作與表情、激動地分享著毫無內涵的想法與日常，甚至極端地嘗試一些危險的行爲，比如跳進冰河、走在萬丈高樓邊緣、試吃世界最辣的魔鬼椒等。表演狂竭盡全力表現，只爲博取更多人的矚目與討論。

直播中的主角站在人潮洶湧的街角，穿著性感的衣服，忘我地跳舞，線上線下都有無數雙眼睛盯著。如果沒有戲劇型人格的特質，一般人應該眞的撐不住這樣的場面。但是對表演狂來說，越多人觀看自己的表演，他們就會越興奮、表演越用力。

不可否認的是，隨著自媒體時代的發展，戲劇型人格障礙者常常是媒體寵兒。有實力的表演狂確實能獲得更多利益，有機會成爲極具爭議性的話題網紅或流量明星。

表演狂往往也是聚會裡活躍氣氛、備受矚目的那群人。他們開朗、熱情，能言善道。爲了成爲聚會裡的主角，甚至會捏造曲折離奇的故事、編造自己的經歷，或是出賣朋友的祕密與隱私，來獲取眾人的注意。

表演狂無時無刻不在表演各種幻想的角色，彷彿有個隱形的攝影機一直在拍他。長此以往，他們這種虛假、誇張、只求大家看見自己這種脫離眞實的行爲模式，將導致嚴重的精神問題、破壞各種關係。

值得一提的是，雖然自戀狂也愛出鋒頭、渴望目光，但是他們的動機是「塑造優越的自我形象」，讓自己高高在上，卻很少用「低等、悲慘、失敗的受害者形象」來包裝自己；表演狂在不同的角色扮演過程中，表現得比自戀狂誇張許多。只要能獲得大家的注意，他們什麼角色都願意扮演，就連「卑微的討好者」也不放過。

二、過度展現性感

表演狂往往是聚會裡的交際花。他們很可能穿得很性感、很暴露，眼睛還四處放電，帶著魅惑人的微笑，每個肢體語言中都充滿性暗示。不論對方是否有伴侶陪同，表演狂依舊旁若無人般表現得既親密又曖昧。這些充滿挑逗意味的行爲舉止，往往會讓人誤以爲他們對自己有意思。

但是請注意，千萬不要被他們這樣的行爲所迷惑！一旦試圖靠近，很可能會被憤怒地推開。他們的所有行爲，僅僅都是爲了引起眾人的注意，並不表示他們想發展親密關係。最可怕的是，表演狂很享受用這樣的方式戲耍他人，以及操縱情感所帶來的滿足感。

表演狂往往會頻繁地更換伴侶。這並不是出於新鮮感，僅僅是爲了讓別人認爲自己很有魅力，並滿足自己的「戲癮」，在不同關係裡扮演不同的角色。

三、情緒容易失控

前一秒還熱情洋溢，下一秒就大發脾氣；昨天還是忠誠的完美伴侶，今天卻是腳踏多條船的渣男渣女；上週還是努力不懈的樂觀者，這週卻成了頹廢的流浪漢……

表演狂的情緒轉變往往快速到令人瞠目結舌的地步，而且這些情緒表達多半都非常膚淺、誇張，更沒有現實的依據，完全靠自己幻想的劇本和角色催生。比如只是輕輕磨破皮，一滴血都沒有，卻表現得彷彿中彈般痛苦；忘記交工作報告，被同事說粗心，卻表現得極其委屈和崩潰，好像同事對他做了什麼不可原諒的事。

如果表演狂費力表演卻沒有得到注意和重視，他們會不斷放大情緒，甚至出現憤怒與暴力行爲、或是消極到以自殺威脅……快速地在好與壞的兩個極端間切換。這一點和第八章將提到的邊緣型人格障礙者類似，差別在於邊緣者難以迅速切換情緒，一旦暴怒就會持續很久。

雖然自戀狂也容易情緒失控，但多半是因爲覺得自己沒有獲得尊貴的特權而生氣；表演狂則是因爲沒有被注意，而表現出極端的喜、怒、哀、樂。

四、表演欲極強

不管在什麼場合，表演狂總有辦法吸引所有人的目光。有時表演「霸道總裁愛上我」的戲碼，有時則上演「後宮」的劇情，偶爾還演出「情景喜劇」或「文藝故事」……表演狂把生活當成舞台，認定自己是主角，其他人全是觀眾，自己的一舉一動都是某場演出的橋段。他們沉醉地演繹著每個角色，卻都維持不了多久，很快就會用新的劇本和角色替代。

沒有人知道表演狂下一次會怎麼反轉，也不曉得此刻上演的是哪一齣戲碼，甚至連他們自己都不清楚。因爲他們根本不覺得自己在演戲，每個角色對他們來說也都是「眞實」的。

最弔詭的是，對表演狂而言，每個角色都是獨立存在、互不影響的。他們可能在家裡是「好好先生/賢慧妻子」、在外面卻是「危險小王/小三」、在職場上則是「愛搞曖昧的中央空調」等等。這幾個角色不承擔彼此的責任，導致他們極易出軌，人際關係曖昧不清，卻絲毫不懂得自省和愧疚，也沒有意識到自己的背叛帶給伴侶多大的傷害。

表演狂這麼做，唯一目的就是吸引眾人的目光，毫不在乎得到正面或負面的評價。所以，表演狂常常會挑起各種矛盾和爭議，讓自己成爲話題的中心，甚至不惜製造謠言、出賣親友的隱私，最終造成他人極大的困擾與傷害。

自戀狂也可能出軌，但多半是因爲覺得自己的權利至高無上，有權選擇多個伴侶。

五、缺乏同理心

對表演狂來說，只需要充分演好劇本裡的角色、傳遞特定情緒給觀眾就好。至於觀眾是誰、有什麼情緒，表演狂不在意也不在乎。對他們來說，觀眾就是舞台下一個個面孔模糊、聚光燈照不到的人形而已，自然無法對觀眾產生同理心，也不能看見和理解觀眾的情緒。

表演狂會表現出很強的控制欲，一旦發現觀眾沒有注意到他們的「戲碼」，往往會立刻翻臉、失控、暴怒，甚至指責對方沒有同理心。這些情緒變化極快，發生得很突然，讓人摸不著頭腦。

雖然自戀狂也缺乏同理心，但邏輯並不相同：自戀狂能夠明確感知自己的情緒，但因爲自大而覺得他人的情緒並不重要；表演狂卻因爲所有情緒都是爲了博取注意力而捏造、表演出來的，所以無法清楚認知自己的眞實情緒，更無法理解他人的情緒。

六、說話誇張鋪飾

表演狂往往語不驚人死不休。爲了獲取注意，他們總是會以確定的語氣說出毫無事實根據的話，甚至不惜造謠，比如：「我一個月沒睡覺，狀態依然非常好」、「我的悲慘身世不管誰聽了都會流淚」等。

雖然自戀狂也常常自吹自擂，卻都是爲了讓自己受到讚美、獲得特權；表演狂的吹嘘多半是爲了受人矚目，所以會吹牛也會自我貶低，甚至出賣隱私、捏造事實。無論是敘述內容還是身體語言，都十分生動又誇張。

七、虛情假意、情感膚淺

由於表演狂缺乏適應現實的能力，言行舉止往往極盡誇張之能事，還很膚淺、虛假，因此與他們相處時難以獲得信任和親密感。相處初期，他們會說出很多有趣新奇的觀點和笑話，讓人對他們印象深刻。時間一久，就會發現對他們依舊一無所知，搞不清楚不斷切換的角色中哪個才是眞實的他們。

表演狂全身都是戲，不僅爲了「舞台」而生，更是爲了「觀眾」而活，因此缺乏內在自我的穩定感，一切情緒和行爲會因外界的反饋而變化，而出現知行不一的分裂狀態。比如，表演狂會熱情地說願意上刀山、下油鍋，但是請求他們到醫院探病時，卻會因爲下雨而嫌麻煩。

雖然自戀狂也會虛情假意，情感也很膚淺，但多半表現在仰慕強者、注重物欲、勢利上，一旦無利可圖就會非常冷漠；表演狂的膚淺和虛僞，只是爲了獲得矚目，不會表現得非常強勢或貪圖物質利益。

八、牆頭草，極易受外界影響

表演狂堅信自己是幻想舞台的「演員」，所以得依靠觀眾來形塑他們的自我存在感和自我價值感，因而非常在意外界和他人的評價、眼光，這也是表演狂情緒起伏極大的主要原因。

表演狂因爲沒有穩定的自我，往往容易迷信權威、跟隨大眾，更沒有獨立的思想和觀點。所以常常表現得像牆頭草，對他人的態度也總是反反覆覆。他們這樣做會傷害到友情和親密關係，卻無法意識到這種行爲是種背叛。

九、人際界線模糊

表演狂過度高估自己的親和力，有時只不過與異性對到眼，就幻想他人暗戀自己。剛認識沒幾天就以家人相稱，更無視對方的拒絕，強行拉近彼此的關係。這都是表演狂人際界線模糊的表現之一。

不論表演狂是否有伴侶，都無法中斷與曖昧對象的聯繫，還會有意無意向伴侶炫耀自己備胎很多、極受歡迎，無視這對伴侶造成的傷害。

十、急性子

表演狂做事常常虎頭蛇尾，只有三分鐘熱度。表現在親密關係初期，就是激情四射、立下海誓山盟，沒過多久就興趣索然，冷漠、疏離。因此他們通常陷入情網快、分手也快，更容易閃婚閃離。一旦對方放慢親密關係的進展，表演狂就會氣急敗壞。

十一、謊話連篇

跟表演狂談論「眞實」是沒有意義的，因爲對他們而言，每一場戲裡的他們都是眞實的、不虛假、毫無保留的。至於戲和戲之間的矛盾與背叛，他們既沒有意識到，更無法自省，深深沉浸在「眞實的謊言」裡。這不僅是他們的病態，也是比「惡意欺騙」還要可怕的情況。

這一點和自戀狂是不同的，因爲他們說謊是精心策畫下的行爲，自戀狂說謊則是爲了維護自己的特權。

十二、沉浸在自己的世界裡

表演狂只爲了自己幻想的舞台和演繹而存在、只在乎觀眾是不是注意到自己，其他的，他們全都不在乎。他們的世界裡只有無盡的劇本和角色，並且隨機切換。結果就是他們沉浸在自己的世界裡，完全不顧現實變化，情緒常常出現得莫名其妙。

雖然自戀狂也會沉浸在自己的世界裡，但他們覺得自己是至高無上的皇帝，其他人都是奴隸，這和表演狂心中的「表演狂」與「觀眾」關係是非常不同的。

以上是戲劇型人格障礙者的特質，如果有人符合上述特質，只要達到三種以上就很有可能患有戲劇型人格障礙。符合越多，特質表現得越長久、越穩定，症狀就越嚴重。

在與人相處的過程中，表演狂比自戀狂更討喜一些。嚴重的自戀狂往往表現得高高在上，更令人厭惡。但值得一提的是，自戀狂和表演狂的特質往往會相互融合、相伴存在，一個爲主另一個爲輔。嚴重的自戀狂也會表現出很多表演狂的特質，嚴重的表演狂則往往極其自戀。

因爲自戀狂和表演狂都是需要站在聚光燈下的人，因此往往會相互吸引。自戀狂看中表演狂招蜂引蝶的能力，表演狂則願意爲了獲得自戀狂的目光而表現得卑微，最後建立起病態的虐戀關係。

該遠離，還是配合演下去？
——與戲劇型人格障礙者相處的合適邊界

也許在與表演狂建立關係的初期，你們相互吸引，有過一段浪漫激情的時光。然而好景不長，你慢慢發現表演狂浮誇華麗的面具下隱藏著殘酷的眞相：毫無同理心的對待、編造誇飾的粗糙謊言、近乎兒戲的親密關係。他們並不知道如何愛人也未曾眞正愛過別人，甚至沒有被愛的需求，只想持續獲得熱情的掌聲和全部的注意力。

請耐心地瞭解這一章對於表演狂特質的解析，在建立關係初期就慧眼識人、保持距離，盡量避免讓這樣的人成爲自己的親密好友或伴侶。

三個方法，遠離表演狂

如果你已經深陷其中，被他們忽好忽壞的表現弄得暈頭轉向，甚至懷疑人生，那麼是時候該看透一切、動身離開了！讓自己有機會去體驗健康的親密關係吧！

如果選擇離開，可以參考以下三個方法：

▪方法一、不當觀眾，收回注意力。

「停止注意，切斷聯繫」是與表演狂分離的最佳策略。只要用行為明確地表示不再注意對方的一舉一動，就是個好的開始。

由於表演狂病態地需要他人的注意，面對關係破裂，很可能會產生激烈的反應，更無所不用其極地誇張認錯、瘋狂挽回……，但這些看似好轉的行為往往都是暫時的。

既然決定要離開，也要脫離表演狂的社交圈，並做好心理準備來迎接人際困境。因為他們多半會演出一場抹黑你的好戲，來獲得他人的關心。若發生這種情況，千萬不要回應與解釋，以免掉入陷阱。

▪方法二、與真正關心你的人保持聯繫，告訴他們實情。

將自己與表演狂接觸的眞實情況告訴身邊的人，以及表演狂的特質。表演狂應對關係衝突時，多半會把自己演得像是受害者，更會動用輿論的力量來攻擊受虐者。因此提前告訴親友實情，就顯得十分重要。

▪方法三、收集證據，尋求法律援助。

面對分離，表演狂很可能會以自殺威脅，更可能眞的做出輕生舉動。他們如同失去舞台，覺得人生黯淡無光。若眞的遇到自殺式威脅，要及時向外求援，同時有意識地錄音、錄影存證。

六種方式，試著和平相處

如果選擇留在表演狂身邊，就要調整與表演狂的相處方式：

▪方式一、把注意力放在自己身上。

在與表演狂相處的過程中，可能會被他們的陰晴不定搞得暈頭轉向、迷失自我。你需要有意識地拓展自己的社交圈、投入自己的興趣和事業，更要學習無條件地愛自己，把注意力放在自己身上。此時表演狂爲了重新獲得你的注意，會願意做出妥協，緩解對你的輕視和攻擊。

就某種意義上來說，自戀狂因爲非常自我、自私和利己，反而能和表演狂相處得更久。

■ **方式二、放下期待和幻想。**

表演狂沒有穩定的自我，也沒有愛人的能力，只有不斷切換的舞台和幻想的角色。所以你也要接受他們「善變」的現實並放下幻想，別再以爲能與表演狂穩定生活。

■ **方式三、接受現實。**

接受現實，理解表演狂意識不到自己的表演與人格障礙。允許他們不分場合地吵鬧、知道他們會出賣你的隱私、允許他們凡事誇張演繹等等。不要嘲笑或指責他們是「戲精」，不然會導致他們情緒與行爲失控。

■ **方式四、尊重他們的表演，提供劇本。**

當他們的觀眾、提供劇本。發現他們開始表演時也不要打斷。站在觀眾的角度配合地做些起伏的情緒，來符合他們的期待。

▪**方式五、適度糾正**。

當他們的行爲與反應相當正常時，即時給予讚賞與肯定；當他們表現得過於戲劇化、被劇情沖昏頭時，耐心地向他們講解現實狀況。

▪**方式六、讓他們發揮才能**。

認可他們的「戲精」屬性，支持他們嘗試演繹類的工作和事業，來發揮他們的表演才能。

最後補充一點，比起自戀狂，表演狂相對地比較討喜一些，但是與他們相處時，保持點頭之交即可，不必過於親密。

CHAPTER 03

〖你們都想害我！〗

偏執型人格障礙者

PARANOID PERSONALITY DISORDER

不論如何真誠示好，他都堅信你懷有惡意。你遇過這樣的人嗎？

比如你和對方開善意的玩笑，對方卻認定這是侮辱而大發雷霆；無論你如何證明自己的清白，對方都斷定你不忠，還不斷地羞辱你；明明你真誠讚賞，對方卻指責你口是心非。

如果在一段關係裡怎麼做都無法建立信任，也無法溫暖對方冷漠、敵對的心，那麼大概就是遇到了偏執型人格障礙者（後簡稱為「偏執狂」）。

是什麼又引爆了你的情緒？
——與偏執型人格障礙者相處時的感受

由於對外界和他人的敵意極重、脾氣又暴躁易怒，加上病態的固執與記仇，讓偏執狂變得極難伺候。長期與他們相處，會嚴重耗損身心健康。

以下是最常見的六種感受：

一、困惑、恐慌

偏執狂的情緒和行爲容易失控，就像一顆定時炸彈，隨時有可能爆炸，爆發時殺傷力極強。

偏執狂突如其來的憤怒指責，往往會讓對方受到驚嚇。不知道哪裡又得罪了他們，也無法透過正常的溝通來瞭解眞正原因，因而持續處於一種壓抑的困惑。無法解釋也難以申訴，莫名其妙地承受攻擊。

我認識某位公司的高階主管，時常突然公開指責、辱罵或排擠某位員工。被針對的員工往往搞不清楚眞實的原因。

眞的去詢問了，他卻什麼都不說清楚，也講不出具體原因，只以惡意的動機來解讀對方的正常行爲。比如指責說：「我知道你對我有很多意見，不好好做事，就別想升職加薪！」、「你瞞不過我！」然後憤怒地終止溝通，一走了之。

在那家公司就職的員工，多半長期陷在這位主管導致的恐懼、不滿和壓抑之中，許多員工甚至不願再忍受憤而離職。但是這位主管還四處抹黑，說他們「居心不良」、「抗壓能力差」、「能力不足」、「個性有問題」。

偏執狂在面對同事或朋友時會莫名表現出敵意，在親密關係中的攻擊性更強。這位偏執狂主管的前女友，就曾痛苦地跟我說，他經常莫名地大發脾氣，然後爆出一連串歇斯底里的言語暴力。

一不順著他的意，就開始質疑女友的忠誠，認定自己戴「綠帽」。無論女友如何證明也不相信，覺得那些都是狡辯。他還出現暴力行爲，把家裡的東西摔得亂七八糟，甚至有幾次是砸向女友……還在暗地裡捏造謠言，詆毀女友是拜金女、渣女。不僅造成女友的困擾、傷害名譽，更導致她罹患憂鬱症。

與偏執狂長期相處下來，會對他們暴怒、指責的行爲非常困惑，也會對他們不計後果的失控行爲感到恐慌。

二、委屈、壓抑

偏執狂常常對親密關係中的另一方表現出極強的敵意，更時常惡意地解讀對方的行爲動機，比如：「你出差那麼多天，一定是有外遇了！」、「你對我這麼好，還不是想要我的錢！」等等。

這樣的行爲難免會讓人十分委屈。受到不應有的指責或待遇而覺得難過，是一種極其消耗心力的情緒。長期與偏執狂相處，委屈和壓抑幾乎沒有盡頭，並且令人難以釋懷，最後很可能導致身心疾病。

很多人不幸選擇了偏執狂作爲伴侶，因長期遭受敵對、攻擊等身心虐待，罹患甲狀腺癌或卵巢囊腫。而且在住院療養期間，仍然不斷地遭受偏執狂的質疑、怒懟和指責，無法得到溫和的照料，導致病情不斷加劇，身心更加崩潰。

三、過度焦慮

偏執狂堅持「別人一定會害我」的自我式預言。然後爲了證明自己料事如神，還會逼到對方厭惡、拒絕爲止，再肯定自己是正確的，對方確實懷有惡意。

與偏執狂相處，無論如何證明自己的善意和忠誠，都不會被接受，只能被迫頻繁地應對他們莫名的質疑、嫉妒和妄想。不僅住處四周都可能會被監控、每則簡訊都可能被「審查」、每個行程都必須被確認……應對偏執狂的無端憤怒，只會感到萬分疲憊、厭煩和焦慮。長期下來，這些對身體傷害極大的負面情緒可能會導致睡眠障礙、噩夢連連，以及其他因過度焦慮引發的疾病。

四、憤怒、暴躁

憤怒的情緒極易傳染，長期與偏執狂相處，也會常常覺得憤怒、暴躁，以至於身心飽受虐待的同時，往往也會被同化，對他人和外界充滿敵意。慢慢地，越來越難相信自己值得受到善意對待，也難以相信現實生活中存在善意，結果很可能會漸漸迷失自我，放棄被尊重與信任的權利，更可能陷入「自證陷阱」，執著地想證明自己沒有那麼壞。

五、無奈、絕望

長期與偏執狂相處，會逐漸失去對美好生活的期待。因爲無法與他們溝通、相互理解，並進入友善尊重的相處模式，甚至沒辦法與其建立正常的連結，只會覺得萬般無奈和絕望。

六、悲傷、沮喪

如果偏執狂是你的另一半或父母，應該充滿愛的家卻積累著恨，是極其悲傷且沮喪的一件事。本該是最親近、信任的伴侶，卻總是詆毀和攻擊，把你當成最可恨的敵人；本該是最溫暖、包容的父母，卻過度指責和抱怨，把你當成最卑劣的孩子。

偏執狂還有一個很致命的缺點，那就是擅長否定。長期相處，他們會用最惡劣的語言來攻擊和否定你的興趣、愛好、專長，讓你無比崩潰和沮喪。

雖然自戀狂也會時常打壓和否定受虐者的日常，但他們是爲了持續處於高位；偏執狂的否定，則出自於內心的莫名怨恨。

如果受虐者本身的自我感向來就非常薄弱，個性也比較軟弱、順從，遭受偏執狂虐待的程度會更爲嚴重，時間與負面情緒也維持更久。

求勝心切的成功光環

——為何被偏執型人格障礙者吸引？

偏執型與邊緣型人格障礙者（書中簡稱爲「邊緣者」）在某些方面相當類似。比如他們都容易情緒失控、攻擊性都很強、都難以溝通，以及人際關係都不穩定。但是他們的行爲動機卻完全不同：偏執狂的所有行爲都是爲了避免自己遭他人謀害，邊緣者則是爲了避免被拋棄。

由於偏執狂的求勝心與好勝心極強，通常能在激烈競爭的環境中有突出的表現。因此從另一個角度來看，極端的偏執往往也能促使他們做出一些非凡的事跡，許多企業傳奇的背後必有偏執狂的身影。半導體公司英特爾（Intel Corp.）前執行長葛洛夫（Andrew Grove）曾說：「只有偏執狂才能生存。」

確實，偏執狂在各行各業都很有可能因爲過度執著、不斷努力而有所成就。很多人會與偏執狂深陷虐戀關係，也都是因爲迷戀他們的才能和地位。

其實迷戀偏執狂的人，戀上的往往都是他們以下四種魅力特質：

一、自傲、清高、孤僻

由於對外界和他人充滿了不信任，偏執狂傾向於獨來獨往。如果不夠認識他們，會誤以爲他們表現出來的敵意和孤僻是因爲「獨立」和「有個性」。

偏執狂自傲又清高，覺得自己非常特別且重要。爲了不遭到輕視和迫害，他們會傾盡全力爬到高位以獲得更多控制權，才能「先下手爲強」。因此，偏執狂有著「成大事」的自我要求和信念，更覺得其他人都是手下敗將。或許正是這股內在的孤傲和佯裝強勢的氣質，讓人覺得偏執狂有才能、有實力、與眾不同。

二、好勝心強、永不服輸

偏執狂總覺得別人會嫉妒、陷害自己，所以並沒有與他人合作的意識與能力。只有打敗敵人，他們才會感受到片刻的安全。因此，偏執狂通常可以在敵對和競爭中獲得能量。他們也確實爲達目的不擇手段，能夠以超乎尋常的努力完成學業、獲得工作上的成就。

很多人在擇偶時也會青睞看起來非常「上進」的偏執狂。上進確實是優秀的特質之一，想成為更好的自己也無可厚非，但是背後的動機更為重要。

心智健康者的上進不是刻意為之，而是真心喜歡在專注探索中不斷成長。若在這個過程中與他人合作，功成名就之後也會知恩圖報。偏執狂的上進，卻往往源自於對他人無差別的敵意和仇恨。如同與惡魔做交易，他們的能量來源是憤怒和怨恨。一旦功成名就，偏執狂就會過河拆橋、卸磨殺驢。他們往往最為憎恨最初支持自己的人，覺得這些人從一開始就居心叵測、利欲薰心。

如果不瞭解偏執狂，只是出於仰慕強者而接近，遇到急功近利的偏執狂時只會被針對性地虐待，結果可能會釀成悲劇。

三、頭腦聰明、思維敏捷

偏執狂缺乏同理心和自省能力，導致他們做事時不會也不能顧慮人情世故，更不受道德的約束。因此，不擇手段達成目標的他們，總會帶給他人一種頭腦聰明、使命必達的印象。更由於警覺意識強烈，多半能快速應對危機，也會讓人覺得思維敏捷。

偏執狂非常在意自身的利益得失。一般情況下，外人無法在偏執狂身上撈到什麼好處，因爲一旦他們的利益受損，就會不惜代價止損，甚至報復他們所認定的「加害者」。譬如偏執狂可能會在婚姻中反覆質疑伴侶的忠誠、監視行程、控制社交，等到伴侶不堪其擾而提出離婚，才會發現財產早已被他們轉移走了。

四、謹愼小心、神祕莫測

在社交場合上，有些人會受到人來瘋、愛表現的表演狂吸引；有些人則是覺得安靜、沉默、看起來神祕內斂的偏執狂迷人。特別是依賴心較強、仰慕強者、喜好特殊的人，比較容易被偏執狂吸引。

如果不夠瞭解偏執狂，確實會覺得他們十分特別、獨來獨往、謹愼小心、智商過人，還很上進又成功。但是他們做事往往出其不意，思維邏輯和行事方式更是異於常人，與他們相處的過程中常常搞不清楚狀況。

以上是偏執狂常見的魅力特質，也可以算是「美麗的誤會」。理解他們的行爲模式之前，會認爲他們獨特、有個性、有才能；明白他們的人格眞相之後，才知道他們充滿敵意、怪異，不僅無法管理自己的情緒，更不能察覺他人的情緒，並不適合與他們長久相處或建立親密關係。

穿越重重防禦，拆解偏執的警報

——瞭解偏執型人格障礙者的特點

偏執狂就像曹操一般多疑，內心堅信「總有刁民想害朕」，覺得全世界都與自己爲敵，日常生活中更對他人充滿防禦心，是極難相處又危險的一類人。

該怎麼辨別偏執狂呢？他們常見的特徵總共有以下九點：

一、被害妄想

身處令人緊張的環境、面對充滿挑戰性的事物、遇到少見或未知的情況時，我們都傾向質疑一切帶有威脅性。適當地懷疑有利於避開陷阱，提高生存機會，但如果過度懷疑，彷彿危機無所不在，就陷入了病態的偏執，導致身心總是處在草木皆兵的焦慮與恐慌狀態之中。

偏執型人格又名「妄想型人格」，他們的內心都有一種根深柢固的信念：「這個世界充滿陰謀，人人心懷惡意。要保護好自己，必須時刻提防。」因此他們內在的預警系統十分敏感，哪怕是無關緊要的小摩擦，也會觸發他們的警報系統。

所以他們幾乎不願與他人往來，也不願分享自己的眞實資訊，以免遭到惡意傷害、損及自身利益。所以偏執狂總是一副神神祕祕、心事重重、獨來獨往的謹愼姿態，也導致他們難有眞正信任、長久的友誼和戀情。

阿亮是一名有著偏執型人格障礙的藝術家。

我認識他的時候，他正急著找製作藝術品的合作廠商。閒聊中瞭解他的需求後，就推薦他加入我覺得還不錯的藝術工作相關群組。身為推薦人，我拉他進去的時候向大家介紹：「藝術家阿亮需要找合作夥伴，有意願的人可以私訊他。」大家熱情地表示歡迎、真誠地表達欣賞，並慷慨分享自己覺得不錯的廠商。

我覺得這個做法相當正常，沒想到卻激怒了阿亮。他私訊我，憤怒地指責我不該介紹他。因為他覺得：「我的作品這麼有名，大家一定會眼紅、嫉妒，結果分享最爛的廠商來陷害我」。阿亮的反應讓我既震驚又無奈，我說：「如果你覺得大家會這樣做的話，可以不要跟他們合作。」

阿亮給我的印象十分古怪，所以之後我們少有交集。

沒過多久，他又突然私訊我。大發脾氣地表示，他看中一間合作廠商，但對方近期忙不過來，三個月後才有空檔能合作。被迫等待的阿亮，認定是我說了他的壞話，害他不能馬上和對方合作。

阿亮這樣毫無根據的懷疑及憤怒的指責，讓我覺得十分無禮。我跟他坦白，既不認識他說的廠商，也從沒注意到他的工作進度，更沒有所謂的「出賣」。但他完全不信，一味地認定我嫉妒他、針對他。

在他自以為是的一番激烈指責後，還沒等我回覆就把我封鎖了。

阿亮莫名其妙的行徑讓我十分詫異，於是我向同行小蘭打聽，才知道阿亮經常在公司出現情緒失控、暴怒的狀況，甚至常常突然摔鍵盤等等。起因多半可能只是同事對工作內容提出修改意見，卻被他認定是同事故意針對自己，更到處說自己被算計、陷害，還時常揚言要和同事拚個你死我活等，讓公司同事都對他避之唯恐不及。

瞭解阿亮的具體情況之後，我知道他是典型的偏執型人格障礙者。他的質疑和憤怒與事實無關，皆源自於他嚴重的被害妄想，其偏執敵意所造成的誤解更是無法改觀。

二、莫名攻擊他人

正由於有嚴重的被害妄想，偏執狂內心對外界充滿敵意和防備。他們會先發制人、無端攻擊，以證明自己的敵意和懷疑是「明智」的。

偏執狂時常詳細審查每個細節，從他人的日常行爲中找到對自己有惡意的證據。比如把誠實店員的失誤理解爲蓄意所爲、把同事的幽默看成嚴重的人身攻擊、在他人表達友善時堅信這是「無事獻殷勤，非奸即盜」。因此，偏執狂在與他人相處的過程中，常會挑釁、以小人之心度君子之腹、以惡意解讀他人行爲，造成人際關係緊張，更難以與他人建立信任和合作關係。

三、心胸狹窄、報復心極強

偏執狂無時無刻不處於高度警惕的狀態，全神貫注地提防他人的攻擊，他們不但難以原諒自己遭受的侮辱、傷害或輕視，更會一直記得自己妄想的「謀害」之舉，並蓄意收集別人的疏忽、怠慢和過錯，然後懷恨在心、伺機報復。

事實上，偏執狂才是眞正做出侮辱、傷害或輕視行爲的人。他們往往惡意解讀他人的語言和行爲，莫名把他人當成假想敵，更爲了不被他人算計成功，總是「先下手爲強」、發動攻擊。他們認爲只有自己更強勢、權力更大、更成功，才能確保安全且立於不敗之地。

綜觀歷史，希特勒（Adolf Hitler）就是偏執型人格發展到極致的典型例子。他一生都被復仇的衝動支配，使他冷酷無情、毫無良知，成爲二戰期間的殺戮惡魔。

回溯希特勒的人生，他的父親控制欲極強且十分暴力，在日積月累的痛苦中，讓他的內心充滿恨意，並傳承父親那種冷血無情的行爲模式。少年希特勒曾夢想成爲一名畫家，但兩次報考維也納藝術學院都落榜，讓他成了流浪漢，住在維也納的貧民窟裡。長期生活在饑寒交迫的環境當中，希特勒變得越來越刻薄、偏激，內心的恨意也更加強烈。他開始憎恨藝術，也憎恨當時控制藝術界的猶太人。

後來，希特勒因爲「啤酒館政變（**編按：一九二三年十一月八日晚上，希特勒和納粹黨試圖推翻威瑪共和國，在慕尼黑的貝格勃勞凱勒啤酒館發動政變**）」入獄，寫下了他的自傳《我的奮鬥》（*Mein Kampf*）。這本書的核心思想就是復仇——讓德國從一戰的恥辱中走出來，澈底解決與法國的領土糾紛，向東部擴張占領東歐的土地。復仇也成爲希特勒日後上台執政的核心理念和動力，使他掌權後便開始虐殺猶太人。

整個二戰期間，希特勒所表現出的固執、敏感多疑、易怒、毫無自省、睚眥必報的性格，正是偏執狂的表現。在人們尙未看清希特勒的眞面目時，會誤以爲這是「另類」的軍事天才表現。

生活中有許多偏執狂，雖不像希特勒這般極端，也沒有龐大的權力能發起世界大戰，但只要具備任何一種偏執特質，就足以讓周遭的人痛苦不堪，陷入難以消停的敵對和爭鬥循環。

四、暴躁易怒

易怒是偏執狂之所以危險的主要原因。處在憤怒狀態下的他們可能會出現短暫或持久的精神失常反應。像是失去理智、邏輯混亂、攻擊性極強，還可能會用辱罵、嘲諷、否定的方式攻擊他們認定的敵人，甚至可能出現暴力行爲，摔東西或毆打對方。

偏執狂的易變情緒和邊緣者相似，只是兩者動機不同。當邊緣者感覺對方想與自己分離，會瞬間產生恐懼和暴怒反應；偏執狂則是在發現對方怠慢自己、對自己有敵意時才會瞬間暴怒，並固執地認定對方是故意挑釁或要陷害自己，完全無法看見和理解他人的實際情況。

五、嫉妒妄想

由於極端的內在敵對，偏執狂不相信他人會無條件地愛自己，甚至覺得他們「圖謀不軌」。因此在親密關係中，他們會隨時毫無來由地懷疑伴侶不忠。像是偷偷翻看伴侶的簡訊、通話紀錄、聊天紀錄，私自刪除異性朋友的聯繫方式，或是將伴侶與異性間的正常交流視爲「出軌」。

偏執狂可能會一遍又一遍憤怒地質問：「你是不是出軌了？」、「你到底愛我不愛我？」、「你和異性朋友聊了什麼？你爲什麼要回覆訊息？」、「他不是好人，你爲什麼要一直跟他聯絡？」一開始，可能會以爲這些行爲都是他們太在意、太害怕失去另一半，但慢慢就會發現，無所不在的嫉妒和敵意實在令人不堪其擾。

六、控制欲極強

偏執狂堅信自己處於危機重重、四面楚歌的世界，爲了守護自己的安全、避免被他人傷害，會對外界和他人表現出強烈的控制欲，好讓自己隨時可以反擊和報復。像是監控伴侶行程、收集朋友和同事對自己懷有惡意的證據等。

但他們熱中於強加自己的想法給別人，要求他人按照自己的想法行事，更擅長用質疑來操控他人。在偏執狂的世界裡，只有他們的邏輯才是正確的，其他人都必須服從。如果有人提出不同意見，就可能被視爲敵意，立即遭到偏執狂的否定與質疑，甚至激烈地警告和威脅，直到對方妥協爲止。

七、妄自尊大、固執

偏執狂往往會毫無緣故地輕視他人、重視自己。為了凸顯自己的聰明智慧、與眾不同，他們會不斷與他人發生爭鬥和衝突，並執意獲勝。

這是因為他們覺得只有站在高位才能不被傷害、不受歧視。也就是說，偏執狂努力成功的動力，源自於他們內在極強烈的不安全感和自卑、恐懼。

這也反映出他們對自身能力和現實的認知不足，關閉了所有與現實外界的連結，表現出異常的固執己見。只要他們不認定，無論如何證明都無法取信於他們。

八、缺乏同理心和自省能力

由於過度的被害恐懼及缺乏現實適應性，導致偏執狂無法正確看待自己與他人。他們沉浸在內心的敵意和怨恨中，不能同理他人的真實感受和真正的行為動機。

偏執狂也缺乏自省能力。他們會將工作、生活及人際關係中遇到的挫折全部歸咎於他人，還給出非現實的負面評價。而與他們爭執時，偏執狂也從不認為自己有問題，更不會道歉。就算偶爾為了小事道歉，多半也是出於敷衍、逃避問題的態度。一且對方不能馬上接受，他們就會表現出不耐煩，還說對方「無理取鬧」。

九、出現共病現象

偏執狂往往容易罹患心理疾病，如憂鬱症、躁鬱症，也容易同時產生社交恐懼，畏懼特定場所的風險也比較高。

最常與偏執型人格障礙同時出現的有：自戀型人格障礙、邊緣型人格障礙、迴避型人格障礙、思覺失調型人格障礙，或是孤僻型人格障礙。

以上是偏執型人格障礙者的特質，如果有人符合上述特質，只要達到三種以上就很有可能患有偏執型人格障礙。由於偏執狂缺乏同理心和自省能力，又總是認爲自己的想法才是正確的，基本上不會覺得自己有問題，也拒絕做心理諮商。因此他們的人格障礙難以改善，是極其危險的一群人。

該逃走，還是保持安全距離？

——與偏執型人格障礙者相處的合適邊界

偏執狂並不好相處，又容易妄想和記仇，在與他們相處的過程中，只會覺得能量不斷被消耗殆盡。最好盡早與偏執狂保持安全距離，不要與他們有過多交集。

六項建議，安全離開偏執狂

如果已經與偏執狂建立親密關係，想要安全離開他們的話，以下有六項建議：

▪建議一、瞭解偏執狂的真相，堅定離開的決心。

許多與偏執狂相處的人，因爲長期受虐而對他們極其恐懼，不敢擅自離開；也有許多人因爲自身有分離焦慮，遲遲下不了決心結束這段病態關係；還有一些人眷戀與偏執狂熱戀時的短暫美好而離不開。

經過一連串的解析，希望你已經瞭解偏執狂的危險性，並接受他們幾乎不會改變的事實。也請放下能治癒他們的執念，擺脫害怕他人眼光和評價的恐懼，更要走出對偏執狂能力和地位的迷戀。要知道偏執狂並不會與你分享利益，很可能還會計算你對他們是否有價值。

如果無法下定決心與偏執狂分離，那麼後面的幾項建議都於事無補。

■建議二、將自己與偏執狂的關係處境告知信任的家人或朋友。

就像遇到其他類型的人格障礙者一樣，決心離開前都要先告知信任的家人或朋友，讓他們知道你遇到了什麼問題、即將面臨什麼樣的風險，這樣才能獲得身心安全與人際支持。

很多新聞報導中提到，有偏執型伴侶的受虐者因爲長期遭受身心暴力，卻因爲害怕家人或朋友擔心而不敢說出實情，最後付出了慘痛的代價。

偏執狂通常只會信任直系親屬，對外人充滿防禦心。如果這些人當中有可以溝通的對象，由他們規勸會比伴侶或朋友更有效。若這些親友也具有偏執型人格障礙，務必仔細識別，千萬別向他們求助。

面對分離，偏執狂很可能會出現語言或行爲暴力，並認定自己遭到背叛。此時不要急於解釋，因為他們不聽，也不信，請盡可能快速離開只有彼此的現場。

▪建議三、慢慢淡化與偏執狂的聯繫。

如果你遇到較嚴重也較暴力的偏執狂，不建議突然分開，以免過度激怒他們。一旦與偏執狂建立長期的親密關係，他們很可能已經把你當成自己的「所屬物」，監控或破壞你的人際關係。因此需要尋找一些藉口來慢慢疏遠，像是得了憂鬱症、傳染病，或需要回家處理事情等等。

由於偏執狂過度謹慎又喜歡獨來獨往，不妨也嘗試扮演非常黏人的伴侶，不斷透過電話轟炸、疑神疑鬼、提出一堆親密需求讓他厭煩，藉此弱化他們的占有欲，引導他們主動提分手。

▪建議四、錄下偏執狂的行為與聲音作為證據。

面對分離，偏執狂會攻擊、威脅、認錯或挽回，強烈地想要恢復對你的控制。此時千萬不能心軟，要堅定、減少回應、不做辯解。若偏執狂出現情緒失控的偏激言論或行爲暴力，要及時錄音或錄影，留存證據，以備不時之需，維護自己的權益。

▪建議五、確定分開後，不要回應與聯繫。

如果偏執狂主動疏遠你，不要一直糾纏和解釋，請瞭解你們永遠無法互相理解的事實。在社群平台與人際社交圈中也應該謹言愼行，淡然度過分離期。此時偏執狂通常會採取行動，想要恢復對你的控制。如果他們四處抹黑你，也請盡量不要回應，更不要有正面衝突，以免激怒他們而出現失控行爲。

如果你的行程和通訊方式被他們監控，澈底更換是比較安全的做法。若是他們出現危險的行爲與反應，也要自行留存證據或尋求有關單位的協助。不要因爲他們的威脅而妥協，這只會助長他們的掌控欲。

▪建議六、持續接受心理諮商。

接受心理諮商有助於療癒偏執狂帶給你的心理創傷，不僅可以獲得專業的支持和幫助，也可以重新建立起自尊，堅定分離的決心，更可以根據偏執狂的具體情況制定出安全的分離策略。

六點策略，從此相安無事

如果你還沒有下定決心與偏執狂分離，或者在生活與工作中難以避免與他們有所交集，就要掌握以下六點安全相處的策略：

▪策略一、不要對偏執狂說出帶有人身攻擊的話，也別談論自己的感受。

向偏執狂表達不滿和憤怒時，不要進行人身攻擊，比如：你這種人不配談戀愛、和你在一起是我最糟糕的決定、你一無是處等等。這些負面評價會強化他們的仇恨。

因爲偏執狂缺乏同理心，所以也別與他們談論太多自己的感受，比如：「你這樣罵我，我很受傷」、「你如此不相信我，我很難過」，不然只會接收到粗暴的回應。更危險的是，他們很可能藉此瞭解你的弱點，之後便會針對這點發動攻擊。

▪策略二、遭到偏執狂誤解時，不要急著辯解和證明。

因爲偏執狂相當自以爲是，他們指責或攻擊，都是爲了引起他人的重視。此時無聲勝有聲，不回應就是最好的回應。等到他們情緒穩定下來再轉移他們的注意力，引導他們做一些舒緩和放鬆的事情。

在矛盾發生時，任何人都不願意被對方毫無根據地指責。因此，你的心理素質要夠強大，才能淡定應對偏執狂的猛烈攻擊，不做出任何解釋或回應。

■ **策略三、給予特別對待，不要讓偏執狂覺得自己被輕視**。

如果你選擇繼續與偏執狂相處，就要迎合他們極其敏感又脆弱的自尊。在相處過程中要使用尊稱和禮貌用語、介紹他們時不要出錯或有所疏忽、即時回覆他們的消息、不輕易打斷他們的話，也不要表現得過分熱情……與偏執狂相處如同與虎謀皮，需要非常謹慎小心地給予特別禮遇。

■ **策略四、保持適當距離，避免完全疏遠**。

如果明顯地疏遠或排擠偏執狂，他們會覺得自己被看不起、被輕視，進而對你懷恨在心。但是也不要與偏執狂過分親近，他們只會覺得你圖謀不軌。與偏執狂保持定期聯繫，交往過程淡如水是最好的做法。

▪**策略五、請偏執狂信任的直系親屬協助**。

由於偏執狂多疑、難以信任他人，也不會接受任何善意的忠告，所以最適合調節與引導他們的人非其直系親屬莫屬。只要偏執狂的直系親屬具備正常的溝通和理解能力，你可以向他們講解偏執狂的問題，促使他們勸說偏執狂去意識到自身的問題，嘗試接受心理治療。

▪**策略六、定期接受心理諮商**。

長期與偏執狂相處，會大量消耗受虐者的身心健康。定期接受心理諮商或治療，有助於舒緩情緒，瞭解目前眞實的處境、改善應對偏執狂的策略。

請務必意識到偏執狂的危險性，盡早與他們保持安全距離。

CHAPTER 04

〖你們都只是工具人！〗

反社會型人格障礙者

ANTISOCIAL PERSONALITY DISORDER

為了錢和不愛的人結婚。

覺得同事太善良，就刻意中傷對方。

只是因為無聊，就欺騙他人來打發時間。

假扮成專業醫師或金融人士一本正經地胡說八道……。

這個世界上總有些人終其一生都缺乏良知及同理心，只會把他人當成滿足自己權力和欲望的工具，以摧殘和玩弄他人為樂。這種極具毀滅性的人格，正是反社會型人格。

為什麼你讓我害怕？

——與反社會型人格障礙者相處時的感受

反社會型人格障礙又稱爲「精神病態」、「道德低能」。他們最大的特徵就是沒有任何憐憫之心和罪惡感，在道德和情感上接近「零」的狀態。

反社會型人格障礙者（書中簡稱「反社會者」）很容易違法、犯罪，更漠視情感和生命。例如無緣無故地炸毀郵局，只爲了看看裡面的人慌亂、痛苦；與他人發生不當的性關係，只爲了拿到一份僞造的文件；害死病人，只爲了空出醫院病房的床位等等。

但是日常生活中也有許多隱性的反社會者。他們可能看起來家庭美滿、事業成功、沒有暴力傾向，在許多方面都與常人無異。但是他們往往不在乎道德倫理的約束，爲達目的總是不擇手段，並透過欺騙、掠奪、漠視、剝削和貶低他人，狡猾地遊走在法律邊緣，逃脫法律的制裁，還不會覺得良心不安。

不論是無所事事只吃軟飯的寄生型反社會者、賺黑心錢的詐騙型反社會者，還是巧取豪奪的資本家型反社會者，雖然在欲望、智力、社會資源或機遇方面有所不同，但是行爲邏輯都一樣毫無人性與良知、一樣冷血無情、一樣充滿危險、一樣缺乏自我懲罰的內在機制。

因爲遇到反社會者而罹患嚴重身心疾病的人不勝枚舉。對於富有良知與道德感的正常人來說，無法理解反社會者的行爲邏輯，等到反應過來時早已損失慘重。最佳防禦之道就是拓展對反社會者的認知，瞭解他們這些「掠食者」的本性，並且相信自己出現的眞實感受與直覺。

以下是與反社會者相處時常有的四種感受：

一、不安與恐懼

反社會者缺乏同情心和同理心、不負責任，容易表現出攻擊性，做出欺騙的行爲，並且無視他人的情感和需求。很多人對於反社會者強烈且不帶感情的應對、掠食性動物般的凝視都難以招架，那如同「獵人」般的眼神和行爲都散發著令人不安的詭異氣息。

相處初期，反社會者可能會透過展示魅力、美色，甚至是裝可憐來操控你，好達到他們的某種目的。如果這些招數都失靈了，通常就會使出必殺技能——恐嚇。這是他們最擅長的操控方式，還會先耐心觀察對方的恐懼再加以利用，比如威脅孩子的生命安全、控制你的事業成敗，或者洩漏你想隱瞞的祕密等。

反社會者不帶任何憐憫之心，也不會網開一面，這種冷血、異常和狠辣的做法讓人焦慮又害怕。而其中又屬於具暴力傾向的反社會者讓多數人感到恐慌，因爲他們會做出許多極端的危險行爲，如家暴、強姦、連續殺人等。

如果你與這個人相處時，總感到不寒而慄，請相信並尊重自己的直覺，耐心地探究自己恐懼的源頭，這很可能是在提示你，盡早識別出危險的反社會者。

二、憤怒與厭惡

當反社會者冷漠、不負責任、欺騙、操縱、殘害等行爲違背自己認可的普世價值觀與道德規範，多半會讓人憤怒、厭惡。像是虐殺動物、破壞公共財產、孩子生而不養、背後毀謗、欺詐、陷害同事，甚至是殘害他人生命等等。

由於缺乏同理心，反社會者完全不在乎他人的感覺和生命安全，而且往往難以掩飾自己內在的敵意及攻擊性，在人際往來中便會讓人感到無禮、冒失，甚至反感。

當你無法抑制地厭惡一個人，對方卻滿不在乎時，這也是一個值得注意的危險訊號。

三、孤獨與困擾

絕大多數的反社會者，社會新聞頭版報導的殺人魔，卻隱蔽地遍布在你我四周：他們可能是把孩子當成賺錢工具的母親、故意打擊脆弱無助病人的臨床醫師、勾引並操縱戀愛對象的渣男渣女、騙人投資卻消失的商業夥伴、說一套做一套的朋友。

由於反社會者缺乏同理心，所以和他們相處的人必然會覺得孤獨。長期相處下來，會發現自己不過是他們的「工具人」，如同可利用的物品或棋子，而不是有獨立意識、有豐富情感的生命個體。特別是一旦發現反社會者與自己成爲朋友、戀人，只是爲了謀取利益，更會令人感到孤獨和絕望，也可能會懷疑自我價值、質疑人與人之間是否存在感情和信任。

四、無助且痛苦

意識到自己遭到襲擊或起衝突的對象是反社會者時，往往爲時太晚。小童就遇過有反社會型人格障礙的同事，時隔多年，回想起那段經歷依然讓她感到害怕。

小童是個品學兼優的女孩，碩士畢業後進入新聞媒體。因為她對社會大眾關心的內容、大眾心理非常敏銳，又善於溝通和敘述，試用期就能做出精采報導。再加上她的工作態度勤懇努力，試用期三個月還沒結束就正式聘雇，但是馬上就發生讓她感到棘手的問題。

一開始，小童發現自己的電腦檔案位置變來變去，但因為沒有消失不見，所以她也沒有太在意，想著可能是自己忙到忘了。直到後來在一次會議上，小童發現自己的提案與同事小婷的內容相似，才開始覺得有些不對勁。由於雙方都堅持說是自己的提案才是原創，公司無法評判是誰抄襲，也就暫且擱置都不採用。小童一度認定是小婷偷偷看了自己電腦檔案然後抄襲，卻苦無證據。

小婷的位置就在小童附近，平時也很友善，吃飯、揪下午茶，小婷都會約小童一起。兩人原本是關係不錯的同事，但自從發生那次提案事件之後，她們的關係就變得很緊張。

想不到後來居然傳出「小童抄襲小婷提案」的流言蜚語。這件事引起公司主管的重視，人事總監找兩人談話，並表示如果其中一方有抄襲，就要及時坦承並道歉，公司可以不予追究。但兩人都堅持自己才是原創。小婷說這項提案是自己和同事小凱從零開始討論出來的，小凱可以作證，更表示自己的電腦檔案位置被人動過，懷疑這是小童做的。小婷的反應讓小童十分震驚，覺得根本是惡人先告狀，並表示自己的電腦檔案也被人動過。但由於小童是獨自創作，沒有證人，所以無法進一步證明提案的原創性，讓小童非常無奈。

後來，公司網管檢查兩人的電腦，發現背後有十分隱蔽的監控軟體，不花點心思難以察覺。經過網管的耐心排查和檢修，發現監控者正是小凱。人事總監責問小凱入侵同事電腦的用意時，他只是滿不在乎地說自己只是單純對軟體好奇，「隨意」安裝的。小童超級意外，因為她與小凱在工作上並無太多交集，只是入職時幫忙測試過她的電腦，想必監控軟體就是那時候安裝的。

真相大白！原來小凱一直暗中偷看同事們的提案，還多次暗示小婷按照與小童提案類似的內容去創作，最後造成兩人反目，也讓小童背負了長達數月的輿論壓力，差點不堪受辱而離職。

小童說，不知道自己哪裡得罪了小凱，也不知道他這麼做能得到什麼好處。

我想，小童並沒有做錯什麼，這一切都是因為小凱是個反社會型人格障礙者。小童在公司的表現太優秀了，引起了小凱的病態嫉妒。他這麼做，很可能就是為了「除掉小童」。要達成這個目標，小凱充分展現反社會者的行為邏輯：在同事的電腦裡違規安裝監控軟體偷看工作內容、竊取工作成果，再操控同事去抄襲，藉此挑撥大家的關係，同時讓同事的工作和名譽受損。

好在最終找到始作俑者。小童和小婷恢復友好的同事關係，小凱也遭到公司辭退。小凱之所以冒著風險做出損人不利己的違規事，都是因為他是一個反社會型人格障礙者。

遇到反社會者，會讓人莫名地恐懼，不知道自己面對的是什麼。他們看起來很像人類，但是缺少了一些「人性」，反應和行為也十分異常，讓人難以理解。但是直覺會持續地暗示我們——對方是危險人物。

≡ 滿載致命吸引力的獵人

——為何受困於反社會型人格障礙者？

看到這裡，也許會覺得反社會者大概沒有朋友和伴侶。但事實是，許多人都會爲反社會者而著迷，因爲他們的五種危險特質，同時也是魅力所在：

一、外在條件優越

反社會者能言善道也很風趣，相處初期往往表現得隨性、熱情，並伴隨著一種浮誇的自傲。譬如，他們會信誓旦旦地說：「總有一天，這個世界都會見識到我的不凡」，或是「遇到我之後，你會發現其他異性都黯然失色」。

反社會者十分善於利用「潛規則」來達成自己的目標，像是靠出賣自己的身體獲得財富、地位或權力。色誘是反社會者常用的一種招數，而他們有種神奇嗅覺，能感知到哪些人無法抵抗。

如果只看重他人的外貌、才華和財富等外在價值，而無視其內在人格是否健康，在交友和擇偶的過程中就很容易遇到人格障礙者，遇見反社會者的機率也很高。因爲反社會者「爲達目的，不擇手段」的行事風格，讓他們能透過非常規的手段取得成功和財富，外在價值也會因此充滿強者魅力，容易讓仰慕強者的人沉迷。

二、演技超群

聰明的反社會者往往有著如同專業演員般的演技，能夠收放自如地展示深情款款、熱血、害羞嬌媚、悲傷難過等情緒。只要他們覺得有必要，眼淚都是收放自如。反社會者也有精湛的說謊技巧，撒謊時也沒有一絲罪惡感，更不會有任何肢體和表情上的破綻。

反社會者面對上司時極盡阿諛奉承，好順利升職加薪，但一轉身又嘲笑上司是個蠢貨，根本不配坐在比他們更高的位置上；面對伴侶時一副深情款款的樣子，以獲得伴侶的青睞及資產，但一轉身又會輕蔑地認定伴侶是個傻子。

一旦這樣惡劣的行爲被發現，反社會者很可能會立刻表現出可憐無助的樣子。他們清楚知道有良知的人，很容易出於同情心而放過他們。如果裝可憐這招沒用，他們就生氣地開始威脅和指控他人，彷彿自己是被冤枉的。反社會者的演技和謊言伴隨著無懼違背道德或法律的膽量和魄力，有種不可低估的社交魅力，深深吸引著仰慕強者、壓抑或自卑的人，卻往往也能同時讓不夠理解他們的人被耍得暈頭轉向。

三、刺激誘惑

與反社會者相處時，冒險刺激的體驗也會讓許多人爲之著迷。因爲危險感本身就極具吸引力，能爲平淡的生活增添起伏變化。

正常人偶爾也會嘗試冒險，像是看恐怖片、坐雲霄飛車或高空彈跳，但是反社會者比正常人更加渴求刺激。他們經常不顧自身安全，在生活、工作、社交、財務上鋌而走險，更像亞當和夏娃遇到的那條蛇，常常勸誘、哄騙和蠱惑他人一起這麼做。譬如：「把油門催到最大，看看你的車到底能跑多快！」、「我們不付錢就衝出餐廳吧！」、「今晚就刷你的信用卡，直接飛去巴黎吧！」、「竄改公司帳目，讓業績更好看吧！」

如果只是幸運地與反社會者擦肩而過，就是有驚無險；如果成爲反社會者蠱惑下的受害者，將承受難以估計的損失。

四、捕獵者的魅力

反社會者最危險也最具迷惑性的地方，就是擅長利用他人的弱點：誰比較正派、誰比較容易相信他人、誰同情心氾濫、誰比較貪財等。當他們進一步將獵物視為有利用價值的棋子，還會仔細琢磨、精心研究如何操縱、奉迎、哄騙、誘惑，更懂得什麼情況下自己可以扮演受害者或拯救者，以增進彼此的親密度和信任。

即便他們達成目的後抽身，受害者還可能時常想起那些「甜蜜」的過往，甚至希望自己對他們仍有利用價值，容易產生逃避現實般的情感依賴。受害者之所以一再沉迷、諒解反社會者，是因為雙方的思維邏輯和行為模式完全不同。知道眞相的瞬間，往往會顚覆受害者的認知，讓心理嚴重受創，甚至可能會罹患斯德哥爾摩症候群（Stockholm syndrome，被害者對加害者產生情感）。

五、喜好特別的人事物

反社會者的思維和行為都相當異常，卻往往能吸引渴望以特別方式證明自身價值的人。各類型的人格障礙者，尤其是反社會型人格障礙者，更是這些追求「特別」的人事物者沉迷的對象。

◈認清重重謊言，避免登上遊戲的棋盤

——警戒身邊的反社會型人格障礙者

一般人偶爾也會有反社會行爲的念頭，有可能是害怕承擔過於重大的責任而撒謊、爲了滿足自身欲望而投機取巧，或者貪小便宜而違背原則等等。但是多數人都可以意識到這些行爲是不對的，可能會傷害他人或造成損失，而加以克制。即便眞的做了，也會感到不安和愧疚，盡可能想彌補過失、承認錯誤。這就是大多數人天生具備的「良知」。

反社會者非常特殊，他們不僅缺乏良知及同理心，做事也不受道德和法律的約束，更不會產生愧疚感。他們可能損害人際關係、榨乾財產、妨礙個人成就、傷害自尊，甚至毀掉安寧的生活。背後的原因，可能僅僅是他們覺得「無聊」。

接下來將介紹反社會者的八個特徵。如果有人符合三種以上，就很有可能是反社

會者：

一、無法遵守社會規範

反社會者大都從少年時期開始，就毫不在意文化及社會環境的道德約束及法律，表現出一定的品德問題卻屢教不改，給人膽大妄爲、叛逆無度的感覺。比如沒有正當理由就虐待動物或攻擊他人、破壞公共或他人財物、詐欺、竊盜、騷擾、玩弄他人感情、從事非法職業等。

但是他們的心理有著巨大的空洞，缺少了人類大腦功能中高度進化的情感能力。因此不僅對自己造成嚴重後果的破壞行爲，不帶任何情感反應，甚至也不害怕接受懲罰。正因如此，反社會者需要更多刺激，做出挑戰社會規範、違背道德法律的諸多行徑，才能「打發無聊和空虛」。

二、習慣欺騙和操控他人

對反社會者來說，騙取他人財產或信任就像吃飯喝水一樣「平常」。只要沒被抓到，他們就會一直無所顧忌地以欺騙和僞裝來坑害他人，而且多半只是爲了打發他們的病態無聊。

他們可能會愚弄受過良好教育的公司職員、億萬身家的老闆，然後躲在背後輕蔑地看笑話；他們可能會左右公司的重大財務決策，以不法手段將公司的資金轉化爲個人的，卻完全不會愧疚和恐懼；他們可能會操控和玩弄他人的感情，以獲得金錢、權力或性滿足。要是有人發現並嚴厲指責，他們可能會裝可憐，表演無奈和悔恨，試圖讓對方不要揭發自己。一旦不奏效，又會馬上恐嚇、威脅要毀掉對方的事業或傷害其家人。

由於缺乏良知和同理心，他們會取笑正常人的良知是荒謬且懦弱的東西，更堅信自己的生存方式是優越的，所以並不會因爲造成他人巨大損失而感到不安或悔恨，只會覺得受騙的人活該。

三、衝動、魯莽、損人不利己

一般人在面臨重大變動時，通常會三思而後行，盡力將風險和損失降到最低，考慮投入的成本及要承擔的後果來制定計畫。而且往往會將情感偏好列入考慮範疇，盡量合乎情理，不傷害自己或他人。

但是反社會者沒有承擔行為責任的意識、不會考慮自己所作所為對他人造成的影響，所以多半會衝動行事，突然變換工作、搬家或終止某段關係等。更因為他們對「刺激感」的欲望異於常人，因此經常危險駕駛，或是不經考慮就進行危險性行為、過度濫用資源。

如果不瞭解反社會者，多半會誤以為他們是「敢想也敢做」，把這種病態衝動視為異常勇敢的表現。

四、易怒、具有攻擊性

反社會者大部分具有暴力傾向或喜歡目睹暴力行為，這是因為他們保留著動物的「獸性」。動物有著敏銳的警覺系統，面對外界變化和失控狀態，都可以迅速做出反應。一有風吹草動就炸毛的獅子與老虎，與反社會者的易怒反應是類似的，都是生物的本能。

由於對他人缺乏同理心和憐憫，反社會者相當以自我爲中心，一旦受挫就會憤怒：不僅會因爲無法滿足自身利益、沒有達成目的而生氣，被他們視爲「棋子」的人不受控，也會引發反社會者的暴怒。

暴力行爲是反社會者尋求刺激及操控他人的有效手段。由於缺乏良知，他們往往會肆無忌憚地使用語言或行爲暴力，甚至隨意對他人進行精神或身體上的無情殺戮，以確保自己完全掌控與支配外界及他人。

在具有嚴重暴力傾向的反社會者中，最典型的代表就是恐怖分子。藉由規畫與執行恐怖攻擊把世界搞得烏煙瘴氣，以此滿足自己的控制欲和權力感。大多數反社會者即使沒有如此極端，也能憑一己之力搞得周遭雞犬不寧。無緣無故毆打配偶或孩子、一時興起就聚眾鬥毆、莫名攻擊陌生網友或路人等，就屬於他們常做的事。

邊緣型人格障礙者也容易生氣、一樣具有極強的攻擊性，但是他們是出於擔心被拋棄的恐懼，表現出來的情緒是極其誇張且豐富的；反社會者的攻擊則是出於獸性、受挫或病態地垂涎他人所有，享受奪取的過程，情緒相當穩定且冷漠。

五、無自省能力、不負責任

由於沒有自省能力、愧疚感與憐憫之心，導致反社會者不認爲需要爲自己的行爲承擔責任。他們堅信，承擔責任是那些容易上當受騙的「笨蛋」才會接受的「負擔」。

反社會者無法遵循工作的正規程序、承擔責任，因此帶給家人和同事不少的困擾。有些反社會者不思進取，或許會迫於生存壓力找工作，卻無故地反覆曠工，更時常衝動辭職；有些反社會者則是在工作上野心勃勃，往往會爲了個人利益而盜取公司機密、操控公司重大財政決策、建立不當性關係以求升職，或是不擇手段讓競爭對手名譽受損又家破人亡。

大部分的正常人不會困惑地自問：該不該餵寵物喝水吃飯、該不該竊取同事的機密檔案、該不該支付孩子的學費。因爲你我的情感和認知系統中已經自然融入「良知」，本能且自然地引導我們做出富有情感、符合人性的決定，並且擅自替毫無良知的行爲尋找藉口：「一定是太忙才忘記餵寵物」、「可能太在乎這份工作才會偷同事的檔案」、「一定是經濟有困難才無法幫孩子付學費」。

但是，反社會者一再做出不負責任的行爲，並不是因爲性格古怪、藝術家脾氣、健忘、懶散、孩子氣，而是缺乏良知與自省能力。無論做了多麼邪惡、破壞力多麼強大的事，反社會者往往會輕描淡寫地說：「不是我幹的。」

雖然偏執者也會表現出極強的攻擊性，但背後的動機往往是出於報復，或者恐懼被陷害、被背叛。這一點與反社會者有非常大的不同。

六、情感淡薄、缺乏同理心

情感淡薄也是反社會者的明顯特徵之一。他們缺乏情感、沒有興趣與他人建立連結。他們之所以會結婚，多半是爲了對方的資產、權力或地位，或是要讓自己「看起來像個正常人」、爲了達到自己的目的，才演出深情的模樣。

反社會者的本質是冷酷無情的，沒有愛的能力，多半都把他人當作「棋子」來幫助自己達到目的。他們從不擔心家人或朋友是否生病、是否遇到困難；從不分享自己的學業進展和工作成就；無論是與另一半結爲連理或孩子有所成長，也從不感到充實或喜悅。因爲對於他們來說，寵物、伴侶、孩子，與凳子、螺絲、衣架是一樣的，都只是可利用的工具。

反社會者這種冷漠行爲背後的邏輯，和一般人滿載情緒地挑撥是非、自戀、暴力行爲不同。在某些情況下，有些人會選擇撒謊來保證自己、家人或朋友的安全，反社會者卻會爲了打發時間或剝削他人而說謊。不論他們做了何等自私或者缺德的事，內心不會有豐富的情緒波動，也不會交織著愛恨情仇，更不糾結於正邪的思考。

他們唯一能眞正感受到的情感，只有出於生物原始本能的生理性痛苦、性快感，或是挫折和失控時暴怒觸發的衝動，以及成功達成目標的短暫滿足感。如同獅子、老虎抓到獵物後飽餐一頓，獲得片刻的愉悅。

雖然反社會者和自戀者都是鐵石心腸、巧舌如簧、擅長剝削，也都缺乏同理心，兩者卻非常不同。

自戀者通常是過度自負而無視他人的感受，並非無法理解正常的情緒。他們需要外界的仰慕和讚美，也時常羨慕、嫉妒他人。有時候還會因爲遭到排擠和否定而憂鬱，主動尋求心理治療。但是反社會者並不在乎外界的感受和看法，當他人疏遠、排擠、厭惡或離開時，他們既不焦慮也不想念，最多只是覺得損失「工具人」而有些憤怒罷了。

七、控制欲極強

反社會者的控制欲出自於缺乏感受的能力。對他們來說，人際交往就是一場遊戲，他們沒興趣建立情感連結，只在意掌控全局和輸贏。遊戲內容一成不變，不是操控他人，就是讓人心驚膽戰，以便最終獲得勝利。遊戲獎勵從「統治世界」到「騙取免費午餐」都有。

大多數情況下，反社會者爲了體驗控制感、爲了讓遊戲更加刺激好玩，可以做出極端自毀或毀人的行爲。像是虐殺小動物或人類、征服異性獲得性滿足、引誘或利用朋友做出危險行爲、無故炸毀公共場所讓他人驚恐慌亂。

然而他們眾多的操縱手段中，最常用的其實是「裝可憐」。沒想到吧！毫無憐憫之心的人居然會想要博取他人同情！這就是他們最危險的地方。反社會者發現只要觸動正常人的同情心，往往能利用這樣的善良來操弄對方，爲自己躲過一劫。他們根本不在乎社會契約和道德約束，卻會暗中觀察正常人的行爲邏輯，就像躲在草叢中觀察羚羊的獅子一樣。

本書中解析的其他人格障礙者，都有控制欲強的特質，但動機完全不同：自戀者是因爲渴望站在高位、追求完美；表演者則是需要持續被注意；邊緣者這樣做是要避免被拋棄；偏執者想要避免被傷害和背叛，皆與情感訴求有關。但是反社會者的控制欲完全出於「玩樂」。因爲在他們的棋盤遊戲裡，他人只是一枚又一枚可操控、可利用的棋子。遭到殘害或殺戮是「不聽話的棋子」應得的下場，也是反社會者維護自身支配地位所採取的有效手段。

八、病態的無聊

青少年或許難以忍受無聊，因爲他們的身心還在發育，會渴望更刺激的體驗。如果一直埋頭學習，就容易感到無聊、煩躁、不滿足。隨著成長，這種痛苦感受會慢慢消退。成年後與他人建立情感連結，彼此磨合、共度的歡樂與痛苦時光都可以帶來足夠的情感刺激，讓人擁有更穩定的心智、更豐富的體驗、更健康的依戀。

每個人都體驗過無聊，這時通常會覺得自己需要休息或放鬆，並不會因此而感到苦惱。然而對反社會者來說，這種極端的無聊體驗就像酷刑，如同一直無法緩解的慢性頭痛或持續不斷的口乾舌燥。因此他們渴望透過極度的刺激來脫離這種病態的無聊，像是操控和殘害他人、對某種刺激性的痛覺上癮、成爲酒鬼或癮君子、頻繁地衝動冒險等。

一般人在焦慮和恐懼時，通常會出現流汗、心跳加速等生理反應。但是反社會者只有在支配、虐待他人時，才能獲得足夠的刺激感。偏偏他們很快就又覺得無聊，因此只會越玩越大、越玩越危險，最後連自己的命都玩掉了。

值得注意的是，一個人可能同時兼具反社會型人格、自戀型人格、戲劇型人格以及邊緣型人格障礙，端看身上哪一種特徵最多、最明顯、最穩定而成爲主要人格。這也表示與人交往的過程中，這個人具有危險性和傷害性，所以千萬要用心觀察、耐心識別。

不深交，保持安全距離
——與反社會型人格障礙者的合適邊界

愛因斯坦曾說，這個世界之所以危險，並不是因爲惡人的存在，而是因爲人們對惡行視若無睹、袖手旁觀。因此在剛認識的階段就識別出反社會者，是非常重要的一件事。否則一旦與反社會者涉入過深，無論是身心健康或人身安全，都將面臨難以承受的重擊。

九個重點，留意反社會者

如果已經與反社會者認識了一段時間，請特別留意以下九個重點：

▪重點一、理解他們的本質。

不要以貌取人，雖然他們的外表與你我並沒有多大的不同，但他們就是不具備良知。請多加理解「無良」的反社會者本質。

▪重點二、不要迷信權威，判斷時請尊重直覺。

不要覺得對方有教師、醫生、主管、家長或偶像身分，就輕易相信對方。直覺讓你覺得這個人有點怪怪的，就要盡可能洞察事實眞相。

▪重點三、採用「事不過三」原則。

考慮是否與對方建立新關係時，採用「事不過三」原則來檢驗這個人的主張、承諾和責任感。一個謊言、一次不盡責，可能是誤會或不可控因素導致的，但是連番的謊言和多次的失責，則是缺乏良知的表現。一旦出現這樣的狀況，請盡早與他們保持安全距離，勿聽信他們所說的話，更不要再繼續投入感情和金錢。

▪重點四、區分「眞誠支持與讚美」和「諂媚」。

眞心的讚美通常相當樸實、單純，諂媚卻是種虛僞的迎合，背後都藏著操縱的意圖，像是爲了讓你和公司有更好的發展，而要求你未經允許就竊取他人資料，或是爲了正義發動一場戰爭等等。一旦對方提出的建議違背你的良知，就要立即有所警覺。

■ **重點五、區分「尊敬」和「恐懼」**。

「害怕」和「尊敬」這兩種感受很容易混淆。人類大腦有著容易屈從掠食者的動物天性，也常條件反射般將恐懼和焦慮與尊敬混爲一談。要尊敬的是那些堅強、仁愛又兼具道德勇氣的人，而非使出恐嚇、權威或威脅手段的反社會者。嘴邊經常掛著犯罪、暴力、危言聳聽言論的人，不論具有什麼身分都不可能是正直的人，多半是愛煽動是非的騙子。

■ **重點六、不加入反社會者的遊戲**。

反社會者因爲沒有良知和法律觀念的束縛，使出的陰謀詭計往往特別狠辣。務必察覺到對方是反社會者，將自己的身心安全擺在第一位，並拒絕與反社會者一爭高下！否則凝視深淵的時間一旦久了，自己也會成爲深淵。

■ **重點七、拒絕接觸和溝通，不讓反社會者進入生活**。

反社會者完全生活在社會契約之外，與他們建立關係是非常危險的一件事。請將他們趕出你的人際圈，別擔心這麼做會傷害任何人的感情，反社會者並不具備情感。

▪重點八、不要有婦人之仁。

把尊重留給兼具仁愛、道德與勇氣的人，把同情留給眞正受苦、遭遇不幸的人。如果你發現有人經常傷害他人卻在事後努力博取同情，那麼這個人肯定缺乏良知。別再給他們機會逃避責任，一旦表現出同情或心軟，他們很可能就會得寸進尺。

▪重點九、捍衛自己的心智，好好生活。

別因爲遇到反社會者就過度悲觀。絕大多數人都有良知，也有愛的能力。好好生活最重要。

五個方法，謹愼行事

如果已經建立情感或合作關係後，才察覺對方是反社會者，想要離開或暫時無法離開，就需要把握以下五點方法，在關係中萬分謹愼：

▪ **方法一、耐心收集證據、尋求法律援助。**

反社會者多半會犯下罪行。但是比起其他類型的人格障礙者，他們面對證據也可以一臉滿不在乎、毫不緊張地撒謊、裝可憐博取同情，甚至是犀利地恐嚇對方。因此為了自保，收集錄音、影片、相關文件和證件、聊天紀錄等各項證據，是非常有必要的，而且還得提前不動聲色地準備。

▪ **方法二、將自己的真實情況告知信任的家人和朋友。**

讓值得信任的朋友、工作夥伴、家人理解反社會型人格障礙者的特質，並說明自己遇到的真實情況。一來可以獲得幫助和支持，二來也能避免反社會者以高超演技讓你成為眾矢之的。

▪ **方法三、不要嘗試改變反社會型人格障礙者。**

反社會者沒有良知，如果你決定繼續與他們共事或生活，請你不要期待自己能夠改變他們，或是他們有一天會反省。不要相信反社會者，也不要盼望他們會忠實、坦誠。與他們相處時必須萬分警戒，保護好自己。

■方法四、不要幫忙隱瞞反社會者的真實性格和行為。

因犯罪遭逮捕的時後，反社會者往往會裝可憐：「拜託你千萬不要說出去」、「我眞的是因爲缺錢才這麼做」、「這是你欠我的」。別被這些話和行爲迷惑！你應該提醒他人注意安全，而不是替反社會者保密。

■方法五、尋求心理師的協助。

從遇人不淑、拓展對危險人格障礙者的認知，再到修復心理創傷，這是一段漫長的過程。知識可以更新，身心創傷卻沒有那麼快康復。因此，一旦察覺到自己的心理創傷很嚴重，請務必尋求心理師的幫助。

CHAPTER 05

〖全部照我的規矩來！〗

強迫型人格障礙者

OBSESSIVE-COMPULSIVE PERSONALITY DISORDER

每天早上六點必須起床、堅持慢跑五公里、飲食嚴格按照健身食譜、衣物要擺放平整、領口要整齊、髮型一定要沒有瑕疵才能出門、每天必須看一小時的書、練一個小時的琴、工作的每個細節都必須完美、垃圾一定要嚴格分類、家裡必須收拾乾淨整齊……，全都做完了才能放鬆。

在過度競爭的時代，這樣的自律也許能讓人在一定程度上變得更優秀，但真的能更「自由」嗎？過度自律，往往是強迫型人格障礙的表現，會大量消耗身心健康。

還記得《安徒生童話集》（*Andersen's Fairy Tales*）裡那個穿上紅舞鞋就不停跳舞的凱倫嗎？

或是希臘神話中不斷反覆將落下的巨石推上山頂的薛西弗斯？

強迫型人格障礙者也體驗著與凱倫和薛西弗斯一樣的循環，並習慣這種反覆的「忙碌」狀態，怎麼也停不下來。

三、為什麼凡事都要聽你的？

——與強迫型人格障礙者相處時的感受

如果你的伴侶屬於強迫型人格障礙者（書中簡稱「強迫者」）、原生家庭的父母是強迫者，或是工作中的主管是強迫者，每天就得面對源源不絕的挑剔和指責。

「用自己的標準評判他人」是強迫者的主要社交缺陷之一，導致他們無法與他人建立充滿溫情、具有深度的情感連結。

與強迫者相處，很可能會出現以下六種常見的感受：

一、惱火、煩躁

大部分的強迫者都有一個明顯的特徵，那就是習慣要求別人完全服從自己認爲正確的做事方式。

如果另一半是強迫者，喝水的方式、整理房子的順序、倒垃圾的方法，可能都會有一套明確規定。如果不按照他們認爲的最佳方案來執行，就會被覺得很蠢，或是被抱怨與指責。

如果父母是強迫者，要報名哪一間補習班、要練幾種樂器、要參加什麼比賽都有詳盡的安排。若孩子想按照自己的意願來學習，往往會聽到父母說：「你還小不懂事，想得不夠周全。」

如果主管是強迫者，就得面臨永無止境的修改和調整，以及讓人疲憊不堪的無謂要求。他們會不斷地質疑，拋出一個又一個要求：表格行距再調整一下、每段內容要使用不同顏色標示、每條線都必須粗細一致……或是反覆要求解釋早已詳細報告過的內容，簡直要把人逼瘋。反駁時對方還會大言不慚地表示：「我是看重你，才會對你這麼嚴格。」

與強迫者交往，行動的每個步驟、外型的每個細節、性格的每個特質都會被嚴格審查。任何在他們看來是「缺陷」的微小細節，都會被無限放大。強迫者這種追求完美的苛刻行爲，會不斷導致摩擦，也讓對方惱火、煩躁，甚至怨恨。

二、恐懼且焦慮

強迫者的強迫行爲來自於「不確定現實生活」的恐懼和焦慮。

對他們來說，恪守規矩就像吃下定心丸，能夠讓混亂、不確定的世界變得有秩序，永遠不會遇上災難。若身邊的人無視這些規矩，就會讓他們恐懼和焦慮得喘不過氣來。

然而，現實本就充滿不確定性，個人的主觀意願並無法控制現實世界的客觀規律和變化。但是強迫者拒絕接受這個事實，因此大都處於恐懼和焦慮之中。偏偏這樣的心情極具傳染性，所以與強迫者長久相處下來，在他們無盡的挑剔和苛責中，會令人感到恐懼、焦慮及煩躁。

生活中的大小事、工作上的大小專案，都會因爲強迫者過度追求完美而出現諸多延誤。強迫者覺得自己的行爲是精益求精的表現，卻往往因爲覺得「不夠完美」而難以開始或結束，造成嚴重的拖延。再加上他們過度程序化的思維和行爲習慣，難以請求幫助以及與他人合作。與強迫者一起生活或工作，多半只能在一旁乾著急，勸不動也幫不上，造成永不間斷的焦慮。

三、自卑且壓抑

「我是這樣做的，你也應該做到。」強迫者對自己與身邊的人都一樣嚴格。他們嚴格要求自己，可能會讓事業有所成就；在人際關係中這樣苛求，則會嚴重影響雙方的身心。

從話該怎麼說，到事怎麼做，強迫者都會要求所有人，按照他們認爲最「明智」的方式執行，追求每個細節的完美。在工作或生活中出現失誤時，強迫者非但不安慰，反而會嚴肅地指責，讓人倍感壓力和失落。但是持續的監督和糾正會讓人覺得自己是不足的、錯誤的、愚蠢的，接踵而來的就是受挫感、自卑和壓抑。

他們也不信任別人，更不願分享與合作，讓周遭的人覺得自己被嫌棄。人際交往的本質是建立情感連結、相互包容和適應，過分嚴格、冰冷、無法變通的處事方式，只會讓人想要逃離。

如果你缺乏自我意識，又遇到強迫型人格障礙的家長、伴侶或主管，自卑、困惑、壓抑、恐懼等情緒將會一直困擾著你。

四、孤單、失落

每天下班都把工作帶回家，不顧家裡的事、不願花時間陪伴，也不肯瞭解你的內心。當你需要溫情互動，他們卻總在忙工作……這樣的關係能堅持多久呢？

在相處初期，強迫者的「工作狂」特質可能會很有吸引力，讓人覺得他們上進、有事業心。不過很快就會發現，他們除了「事業心」再無其他。強迫者看來完美、嚴謹、負責、忠誠，卻也讓人覺得難以靠近。

他們的「工作報告」，會比病床上需要照顧的你更爲緊急；他們的「東西必須擺放整齊」原則，會比你的意願和感受更爲重要；他們的「親兄弟，明算帳」觀念，會比家裡的財務危機更關鍵。

強迫者要求所有行爲都是完美且明智的，如果自己沒有在「做正事」，就會讓他們覺得極度無聊、空虛、喪失存在感。而對他們來說，陪伴家人或伴侶、度假或溝通情感是「浪費時間」，因此也會忽視性生活。這種過度冷漠的處事方式，會讓身邊的人覺得孤單失落。

如果你的伴侶是強迫者，就會發現他們很少敞開自我，更不會表達眞情實感，甚至除了他們的原則和規定就無話可說了。這種相處模式會讓你十分乏味，更發現身邊的強迫者就像石頭或機器人，而不是某個與自己有情感連結的夥伴。

五、沮喪、疲憊

強迫者雖然像個機器人，在人際交往中卻會不斷施壓。他們聽不進他人的建議，只是不斷用自己的「完美主義」來綁架和控制身邊的人。

比如早上六點必須起床、一定要吃早餐、早餐一定要有蛋，就算是生病了也不能不做。這些要求看似簡單，但是全部疊加在一起卻讓人不堪重負。面對他們不容更改的規定，不斷的嘮叨、苛責、抱怨，只會覺得身心俱疲，難以應對。

另一半為了準備生日驚喜而遲到了，難道真的罪不可赦嗎？另一半為了分擔家務而打亂了物品擺放的順序，眞的值得大發雷霆嗎？強迫者的應對方式，永遠讓人感到沮喪和疲憊。

六、厭惡

與強迫者長久相處後，多半都會出現難以抑制的厭惡情緒。

強迫者的囉唆中，本意是想展示自己很聰明、邏輯性強，但在他人看來卻往往是說教、嘮叨，而且質疑對方能力的表現。

強迫者不在意自己行事方式帶來的人際衝突，只是一味沉浸於當下的目標和細節。他們可能會因爲文件沒有按照順序整理擺放，就長篇大論地指責：「爲什麼連這些細節都沒注意？你去看我之前寫的工作流程，裡面說得很清楚！你太粗心了！重做！」

生活並不是非對即錯的二元世界，苦樂參半才是現實的樣貌，但強迫者拒絕接受生活中的不完美，也不願面對現實的不可控。長期相處下來，就會逐漸發現他們的感情沒有一絲溫度，單調地重複和抱怨也會耗盡你的耐心和精力，導致厭惡感日漸加深。

以上就是與強迫者相處時常見的六種感受。如果你已經產生上述任何一種難以抑制的消極情緒，就要重新審視這段關係。請尊重自己的眞情實感和直覺，重新界定相處的安全距離。

寸步難行、處處限制的完美主義
——為何受困於強迫型人格障礙者

許多人在與強迫者相識初期，會被他們的「完美感」打動，往往認爲他們自律、嚴謹、堅韌、認眞、負責等等。在工作上，由於強迫者的思考能力很強，往往可以獲得較高的社會地位、較強的經濟實力，讓人覺得他們上進且事業有成。

強迫者的完美主義、自律和優秀，往往會吸引一部分人的青睞和認可，這也是他們過度強迫行爲的動力之一。他們通常會吸引缺乏安全感、過度感性的人格障礙者。由於現實的不確定性，過度遵循秩序感的強迫者反而可以帶來穩定感和安全感；由於仰慕他人擁有自己不足的能力，凡事過度追求邏輯的強迫者反而會吸引思考發散、邏輯能力較弱的人。

但是強迫者「完美」背後的眞相又是什麼呢？

隨著與強迫者的相處日漸深入，就會慢慢發現他們的呆板、僵化和不容變通。更會從他們口中聽到缺乏溫情和愛意的要求：「不要挑戰我的原則，我們玩完了」、「只要我活著，這些規矩就不能改變」、「你必須達成所有的要求」、「當我的另一半，必須自律且優秀」……。

當另一半與父母是強迫者

與強迫者相戀初期，可能會被他們固定的行爲模式打動：不會因爲工作而忘記要定時說早安、晚安；說出口的承諾一定會兌現；只要說過自己喜歡的東西或約會形式，他們就會分毫不差地規畫好等等。

這樣的嚴謹和秩序感，在還沒與他人建立控制關係前，會讓人覺得做事妥當、爲人可靠。的確，這樣的伴侶通常都是值得信賴、極富責任感、十分忠誠且不易出軌。

強迫者通常比較慢熟，一旦與他人有了戀愛關係就會保持恆溫。他們可能會努力工作、主動做家事、不煙不酒不應酬、堅持運動、保持完美身材、準時上下班、道德感極強等。如果你不太要求情感交流，又能夠接受強迫者墨守成規的風格，那麼他們勉強能算是合格的伴侶。

身爲父母的強迫者不太在意孩子的年齡和性格，也不尊重他們的意願，更不提供自由發揮的空間，反而給予孩子極高的期待和嚴苛的要求，導致孩子感到痛苦，親子關係也變得緊張。

整體來說，強迫者適合獨自創業，不適合與他人長久親密地相處。

拒絕無理的要求，放下疲憊的完美

——常見的強迫型人格障礙者特徵

你我身邊有很多人都具備強迫者特質。由於與他們長期相處會深感遭到束縛和痛苦，務必在相處過程中耐心觀察對方是否爲強迫者，才能早一步建立合適邊界。

以下是八個強迫者最常見的特徵。若是符合三個以上，就具有強迫型人格障礙傾向：

一、過度控制細節、制式化

適度注重細節能夠讓人準確、有效率、有條理地完成工作，並減少出現失誤。但是如果過分要求細節，往往會讓人難以選擇或抓住重點。但是強迫者對生活中的每個細節都極其要求，不僅過問旁人的情緒、心態和思維，甚至會苛刻要求對方按照自己認可的方式思考，讓和他們相處的人十分痛苦。

像是要完成會議紀錄的簡報時，強迫者可能會花上大把時間決定用什麼字體、字級大小、版型風格與顏色，卻遲遲無法開始進行會議的重點整理。

強迫者的內心有多重原則和標準，可能是他們認可的公司業務流程、父母的教誨，或是法律及社會倫理道德等等。不僅如此，他們認爲每件事情都有不容置疑的正確做法，而自己遵循的規則才是對的，因此傾向讓所有事情都制式化。以晨跑爲例，從運動裝備到跑步姿勢，都要嚴格按照他們認可的標準來執行。

同時，爲了維持穩定的秩序感，強迫者常常做計畫或時間表，並且嚴格要求自己按表操課，不容許任何意外或驚喜。要是他們計畫到戶外晨跑，即便狂風驟雨都要完成；如果他們計畫了見面時間，想提前抵達給個驚喜，通常也會使他們極度不滿。

他們總是煞費苦心地注意與遵從，好維持內心的穩定和控制感，如果沒有堅持做到或做完，對他們來說就是一種失敗。以至於他們最終忽略了要靈活應對、忽視人際交往中眞正重要的部分。

最奇特的是，強迫者十分享受這樣循規蹈矩的嚴格生活，透過拒絕變化來保持穩定和控制感。不瞭解強迫者的人格特質，會誤以爲他們極其理性。但是強迫性的思考方式與制式化行爲，會影響到社會功能和人際關係；過度在意條理性，會讓強迫者難以達成重要目標；過度硬性遵守原則，也會讓人際關係難以發展。

「強迫型人格障礙」與「強迫症」的不同，就在於「是否自我和諧」。雖然強迫症患者也會出現重複行爲，比如不能踩到人行道的邊界、洗手就要洗八次才乾淨。但因爲並非出於個人意願，所以也讓他們自己非常苦惱，進而主動尋求治療與幫助；強迫型人格障礙者就不一樣了，他們相當滿意自己的重複行爲，並視之爲自律的表現。

需要注意的是，許多行爲都帶有「強迫」和「高要求」的色彩，卻並非全都屬於強迫型人格障礙的表現。像是要求同事必須幫自己買早餐、要求相親對象必須有房有車等，就屬於自戀者強勢且傲慢的命令。

二、完美主義

強迫者會反覆檢查修改工作報告，甚至推翻重做，直到自己覺得完美、萬無一失，導致最後無法按時完成。他們這樣過度在意細節、刻意按照原則辦事，都源自於他們的完美主義和自我強加的高標準。如果沒有萬無一失的完美方案，他們往往難以決定哪些任務要優先；或是因爲沒有最佳的方法，導致他們遲遲無法展開行動。

我以前也有強迫型人格障礙的傾向。那時的我是名動漫設計師，每次訂好主題，繪製前，我總是強迫自己必須翻閱所有國內外已知的作品和素材網站，試圖找出最完美的組合方案，確保自己的作品能夠震驚四座才開始創作。過程中，常常因爲沒有達到預想般的完美，就不斷推翻自己的想法，甚至推翻一開始設定的主題。大至畫風、小至色差，我都會反覆糾結、無止境地修改，最後往往延誤了交稿時間。

一路下來，畫作並沒有變得「完美」，反而因爲過度在意細節，讓整體構圖出現問題。那時每每創作完幾篇內容，就覺得精疲力竭，十分痛苦。慢慢地也對這份工作產生莫名的焦慮和恐懼，找不到最初創作的快樂。

正由於極度追求完美，在自律上進的同時，也讓自責與內疚如影隨形。強迫者常常會因爲工作沒有達到自己預想的完美狀態與成效，而責備自己能力不足；因爲外貌、才華、成就不夠完美而苛責、厭惡自己，甚至不許自己正常吃飯。

然而現實並不完美，固執地一味追求完美，只會讓他們感到無能爲力，進而變得急躁、好鬥、自卑、急功近利。這種對抗現實的完美主義，也是強迫者容易焦慮和恐懼的原因，而社交恐懼、進食障礙等，則是強迫者容易共患的身心障礙。

雖然自戀者也追求完美，卻很少自我批評，因爲他們覺得自己已經十分完美、優秀，這一點與強迫者的完美主義是截然不同的。

三、工作狂

強迫者是難以放鬆的一類人。不僅無法做自認「無用」的事，也很難給自己放個假、純粹休息或單純和朋友聚會。有時間度假時，他們也會帶上工作，好讓自己不覺得無所事事或浪費時間。

許多強迫者都會孜孜不倦地投入工作，過度看重績效，反覆修改力求完美，甚至犧牲大部分的個人時間去執行。無法變通的工作狂傾向，往往會導致友誼和親密關係破裂。如果要暫停工作，他們便會覺得極其無聊、空虛和無價值感，好像對工作稍有懈怠就喪失了存在感一般。

在強迫者眼中，嗜好或娛樂活動也是一項嚴肅的任務，要求完整投入與產出。像是籃球活動變成自律、嚴格的訓練和比賽；聚餐則成爲美食品鑑、商業分析、廚藝課程。他們可能會不厭其煩地考取各種證書，也可能反覆修改會議紀錄，甚至花大量的時間讓自己琴棋書畫樣樣精通。

四、道德潔癖

除了刻板地遵循各種規則、原則和條例，強迫者在道德、倫理和價值觀上也會過分認眞、小心和缺乏彈性。他們可能會強迫自己和他人遵守，也會毫不留情地嚴格批評自己的錯誤。自己認可的權威就十分順從，不認可時則充滿敵意，難以綜合、平衡地做出圓滑的評比和反應。

強迫者的道德標準通常比較高，彷彿內心住著一個「批評」自己的教官，總是壓抑他們內心正常的欲望。哪怕是想擁抱、親吻喜歡的異性，也會馬上呵斥自己不該動「邪念」。也因為他們對自己的想法和行為過於嚴苛，非常缺乏幽默感和靈活性。

五、過度節省、吝嗇、有囤積癖

即便壞了、沒價值了、毫無紀念意義，強迫者也不願丟棄任何物品，認為扔掉就是一種浪費，更覺得總有機會需要這些東西。所以他們的住所可能會被各種舊零件、舊報紙、早就壞掉的電器占據大部分的空間。

強迫者也可能對自己和他人都十分吝嗇。他們堅信必須嚴格控制開銷，以防患於未然，所以維持在一種遠低於他們所能承擔的生活水準中。這種過度節省，基本上也算是強迫者道德潔癖的體現。

雖然自戀者或反社會者也都不太慷慨，但他們只對別人吝嗇，對自己則十分放縱。相較之下，強迫者則是毫無分別地吝嗇。

六、難以與他人合作

強迫者往往會獨自攬下大部分的事務，不選擇與他人合作。這是因爲他們過高的原則要求和道德潔癖，認爲他人難以精確執行，而不願意將任務委託出去。

強迫者往往會固執、不合理地要求所有事情都按照他們認可的方式進行，要與其合作或交接，也必須遵從他們的處事方式。簡報只能以一種方式進行、通勤只能夠利用一種交通工具、洗碗只能用一種方法清潔。

如果有人提出了創造性的替代方案，強迫者會先吃驚、生氣，再大肆批評對方，試圖控制他人的行爲和決策。就算強迫者固守的方法已經不再適合，他們也拒絕採納新的方式。

七、僵化且固執

強迫者會事先做好自認縝密且周全的計畫，既不考慮也不願接受變化，更不願根據現實情況加以變通，常常會讓身邊的人感到萬分沮喪。即便強迫者意識到妥協才能對自己有利，也很可能固執地拒絕變化，堅守自己認可的原則。

這樣的特質無疑會傷害親密關係。因爲他們把原則看得比伴侶更重要，所以寧可堅守「沒有洗澡不能上床睡覺」的原則，讓喝醉酒的另一半睡沙發或躺地上。

與其面對突如其來的變化而感到不知所措、難以適應，強迫者寧可堅守他們認可的某種特定方式生活，不願變動也拒絕更改，所以會給人一種固執、古板、缺乏生命力的印象。

八、控制欲極強

強迫者之所以極度自律，就是因爲控制欲極強。他們更喜歡控制、支配自己和他人按照認可的原則行事，確保每一步都在自己的掌控之中。如果他人不服從，他們就拒絕合作、嚴厲批評，甚至與對方發生衝突。強迫者堅信自己掌握了最正確的行事方式，所以有權控制他人的行爲。

一旦失去控制，他們可能不會像其他類型的人格障礙者般直接暴怒，而是爲此懊惱不已再間接表達出憤怒。例如收費人員態度很差時，他們不會直接責罵對方，而是反覆和思考如何匿名投訴。

值得一提的是，嘮叨往往也是強迫者展現控制欲的行爲，背後的企圖是：我希望你好，但你只能按照我期望的方式來變好，而我的方式毋庸置疑就是最好的。這種嘮叨披著「關心」和「我都是爲你好」的外衣，往往令對方無法表達出眞實的意願。

耐心相處，放大優點

——與強迫型人格障礙者相處的合適邊界

強迫者的人格特質會促使他們自律、上進、爭強好勝，但時間一長，不但會讓他們身心過度疲乏、耗損，也會影響職業生涯的發展，更讓身邊的人深受其害。

五點建議，善用發揮

如果你需要與強迫者相處，不妨參考以下五點建議：

▪建議一、不要輕易打亂他們的計畫。

強迫者的控制欲非常強，力求井井有條、細緻、嚴謹，所以請尊重他們的執念，不要粗暴地指責或反駁，也不要消極地批評他們小題大做、沒事找事。允許他們按照自己特有的方式生活，盡量不干擾、不給驚喜、不強行改變他們的計畫，也不要在他們忙碌時穿插緊急任務，這會讓他們十分痛苦，也無法好好完成手頭上的任務。

如果下屬是強迫者，請在指派任務前做好規畫、詳列要求，讓他們接到任務時有據可循；如果要去強迫者家中吃飯、要與強迫者約會，請提前告知具體的來訪人數、約會的時間地點等細節，他們才能提前做好準備。

■ **建議二、信守承諾。有意外情況時提前告知**。

與強迫者相處時一定要守時、守信。做不到的事就盡量別承諾。如果出現意外情況，請盡量提前告知，並明確表達歉意，也做好被他們指責或抱怨的心理準備。請理解強迫者的認真，不要嘲諷他們。

■ **建議三、瞭解與強迫者的溝通方式**。

與強迫者溝通時，要做到傾聽、直接、正向回饋。

傾聽是指：耐心瞭解他們的想法、原則和規矩；直接是指：確實表達疑問及需求，因爲他們不能確實洞察他人需求和言外之意；正向回饋是指：正向地表達自己如何看待他們的行爲，像是「你這樣擺放東西的效果很好，之後是否就交由你來整理」；不要給予消極評價，像是「你是不是有病？煩不煩？一直規定這些」。如此一來只會讓他們迅速開啓防禦機制，進入攻擊狀態或自責不已。

如果強迫者因爲追求完美而延誤了專案，你要直接表達看法。譬如你可以說：「你很細心地把簡報顏色調得很好看喔！但是今天下午三點開會就需要這份簡報，目前需要你先做好大綱，再來調整顏色。」而不是：「你做事要分輕重緩急，這樣效率太差了，非常糟糕。」

▪建議四、合理發揮強迫者的優勢。

強迫者做事一絲不苟，能夠出色地獨自完成許多特定的任務。不如就將會計、質量檢驗、財務等類型的工作分配給他們，大大發揮強迫者的優勢。

▪建議五、不要企圖改變他們。允許挑剔抱怨，不要認同就好。

強迫者的行爲是自我協調、自我認可的，想要改變他們多半只會徒勞無功。如果要與他們長久相處，要強化自我價值感和心理素質。面對他們無盡的嘮叨、指責和抱怨，只要聽自己願意聽的，忽略不想聽的就好。

總而言之，我們無法從不健康的關係中獲得健康的體驗，面對人格障礙者，一旦早發現、早點設下安全界線，就能省去很多麻煩。

CHAPTER 06

〖 沒有你，我活不下去！ 〗

依賴型人格障礙者

DEPENDENT PERSONALITY DISORDER

「你剛才在幹嘛？」
「你已經好久沒回我訊息了，是不是不愛我了？」
「我辭掉工作去找你吧！」
「你說什麼我都願意配合。」
「沒有你，我一秒都活不下去！」
這種黏人、順從且受控的伴侶，你喜歡嗎？

跟你在一起好像活得更累？
——與依賴型人格障礙者相處時的感受

當愛情來臨時，往往會因爲對方的信任、依賴，產生一種自己很重要的感覺；但是如果對方過度黏人和依賴，就只會帶給彼此無盡的負擔和疲憊，而這種類型就是「依賴型人格」。以下是和他們相處時會出現的四種感受：

一、負擔龐大

由於極度缺乏自我和自尊，依賴型人格障礙者（後簡稱「依賴者」）常常會讓人透不過氣來，更感到負擔、疲憊、無奈和絕望。他們沒有自主意識，緊緊依附著你，需要你犧牲自己大部分的時間來照顧他們的情感和生活，成爲他們形式上的母親或父親。他們就像海洋生物藤壺一樣吸附寄生，帶給宿主極大的負擔和危害。

依賴者的愛以「過度依賴」的行爲來表現。初期的他們是小鳥依人的依賴型伴侶，可能會大大滿足你的控制欲和自尊心。一切都以你爲主，按照你的喜好打扮、按照你的意願行動，不敢提出任何不同的意見……但是相處久了，就會發現所有事情都需要你操心、決定：一旦沒有立即回覆消息，他們就會奪命連環叩；只要沒有下指令，他們什麼都做不了；就連想要獨自休息一下，他們都會又哭又鬧，讓人不得安寧。

雖然與邊緣者相比，依賴者溫和許多，但他們依舊是在控制，最終仍會讓人感到備受約束和厭煩。

二、壓力、焦慮

小到衣食住行，大到生涯規畫，依賴者的一切全都是你的「責任」。他們的喜怒哀樂也全來自於你。聯絡不到你會焦慮、不開心；不幫他們打點好一切，他們就會生氣與抱怨、哭鬧或者道德綁架。

三、孤獨感

和他們在一起，就只能聽見自己的回音。當你說東的時候，他們不會說西；當你覺得困惑想探討問題時，會發現他們毫無想法，也不會表達自己的意見；即便你察覺到自己做錯了，他們也會默許。與你相處的彷彿是溫順又黏人的寵物，而不是能夠獨立思考、有情感的人。

四、加重病態人格

由於過度害怕分離、被拋棄，依賴者會在親密關係裡忍受對方的虐待行爲，間接滋長伴侶的虐待欲。語言暴力、肢體暴力日趨猛烈，最後往往發展到難以收拾的地步。不僅對依賴者的身心造成巨大傷害，也加劇伴侶的病態人格問題。

說什麼都照做，好聽話！
——為何沉迷於依賴型人格障礙者

難道依賴者帶來的全都是痛苦嗎？溫柔不算是他們的優點嗎？以下四點是之所以深受他們吸引的原因：

一、把你放在第一位

在相處初期，依賴者溫柔、順從，還會把你視為他們的一切，把你的情緒、需求和選擇放在第一位，大大滿足人們的自尊和控制欲，覺得自己很重要、被需要、備受重視，這些都是他們之所以讓人沉迷的優點，願意讓依賴者成為甜蜜的負擔。

二、激發保護欲

一旦想結束這段感情，依賴者會淚流滿面地請求你別離開，很可能會觸發你的心軟和於心不忍。如果沒有你的保護，弱小又無助的他們，會不會無法順利生存？於是，你可能會選擇繼續與他們在一起，繼續承受這份甜蜜的負擔。

三、自我犧牲

依賴者能爲關係做出的犧牲，絕對令人意想不到。如果你是自卑、孤僻或控制欲很強的人，依賴者特別能討你歡心。因爲他們不會像其他人一樣輕視、攻擊你，只要願意照顧他們，他們可以寬容地接納你的所有缺點，並盡可能滿足你各式各樣的無理要求，甚至允許你對他們發洩情緒。

四、依賴共生

依賴者很容易激發人類的內在母性本能或父性照顧欲。對於過度背負責任、過度渴望被需要的人來說，依賴者極具吸引力，因此容易建立起穩固的依賴共生關係

（codependency）。你們既是伴侶，也是親子。

依賴共生關係是一種穩固但病態的控制關係。依賴方可能會失去內在自我，需要藉由他人的照料來感知自我的存在；照料方則是強制照顧對方，藉此維持對方的依賴。

兩人關心的都是如何控制對方，而不是自我成長。能好好交流，也無法保持人格獨立，更難以建立平等合作、共同成長的關係，而是在相互控制的基礎上，試圖將兩個人格不完整的人組合在一起，來創造出一個完整的人，缺一不可，不管是誰離開，都會無法自由感受和行動，最後陷入虐戀關係無法分離，進入病態的循環。

在心智還不成熟的時候，我們會渴望透過這樣的關係，來迴避成長過程中未完成的連結，與分離造成的創傷，更將其誤解爲愛情，進而無法拒絕或結束這種極其消耗雙方身心健康的關係。

三、斷開牽絆，看見依賴共生的毒瘤
——依賴型人格障礙者的特徵

依賴者有以下六大常見特徵，如果身邊的人符合超過三點以上，那麼他們就很有可能是依賴者，而且依賴程度比較嚴重。在與其相處初期就要保持適當距離，以免深陷糾纏之中。

一、缺乏主見

依賴者害怕犯錯、缺乏獨立思考的能力，因此往往無法獨自面對生活中的困難和挑戰。如果沒有他人的建議和保證，他們就無法做決定。不管是出門應該穿什麼顏色的衣服、是否要帶傘，甚至應該選什麼樣的對象、該和誰當朋友、該選擇什麼樣的工作，依賴者都傾向聽從照顧自己的人（可能是父母、師長、伴侶）怎麼說，就算不合理也不敢質疑和拒絕。

生活中的媽寶、爸寶就是缺乏主見的典型依賴者，一切都以「我媽說……。」或「我爸說……。」爲準，甚至不會思考父母下達的命令是否合理。

我有一任男友就是「媽寶」。他媽媽因爲我們是網路認識，就覺得我一定是拉直銷下線，貪圖他們家的錢，才和前男友在一起。而他不敢反駁媽媽的極端看法，焦慮地說要和我分手。

我問：「你對我的眞實感覺和看法是什麼呢？我們認識這麼久，以你對我和我家的瞭解，你覺得你媽說的是事實嗎？」

他說自己不知道，但是媽媽不喜歡的人，他也不敢繼續交往。對於毫無主見的他，我也十分灰心和沮喪，就草草結束一年多的戀情。沒過多久他就閃婚了，對象是他媽媽看上的女孩子，與他來自同一個城市。他們從相識到結婚不超過兩週。

不少人遇過媽寶。對方的父母透過各種荒唐的理由來阻止，像是兩人生肖對沖、女生年紀大了兩歲、男方的聘禮不夠多等等。就算依賴者很難過，也把父母的意願和想法放在首位，不假思索就立刻認同父母的命令，與相戀多年的對象分手。

二、逃避責任

依賴者缺乏主見，是因爲沒有勇氣承擔後果。他們覺得只要將決定權讓給別人，就可以逃避責任。只要讓父母決定自己應該在哪個城市生活，就不用承擔買房子的責任。要是生活不開心、不順遂，還可以責怪父母當初的決定；只要讓伴侶決定自己應該做什麼工作，遇到問題就可以完全推卸責任，再讓伴侶替自己完成工作、善後等等。

他們不願背負任何該自己承擔的責任，總是把錯誤歸咎於旁人，所以常常指責別人：「因為你不回我訊息，把我快逼瘋了」、「要不是因為太想你，怎麼會辭掉工作大老遠地跑來找你」、「要不是因為太愛你，怎麼會願意讓你幫我安排生活起居」等等。在依賴者的潛意識裡，他們的壞心情、失去自我、無法獨處、工作不盡責、生活消極，都是別人的責任。

不能解決問題的人，最後會成為別人的問題。由於依賴者從不承擔自己的責任，他們自身和生活中的問題便永遠無法解決，心智也難以成熟，常常成為他人或社會的負擔。

三、過度討好

依賴者非常需要他人的保護和照顧，也常常展現出弱小的姿態。他們堅定地認爲，只有找到穩定照顧自己的人，才能夠繼續在這個世界上生存。一旦建立依賴關係，爲了讓自己能夠獲得受保護、被支持的關係，他們會拋下自己的情感、自我、自尊，表現得謙遜、順從、奉承、迎合，犧牲自己的意願和個性的方式來討好「照顧者」。

依賴者會盡其所能，努力避免自己被疏遠。他們難以拒絕別人或表達憤怒，更無法對照顧者說不、提出不同的意見和觀點，導致他們長期處於價值觀模糊、情緒壓抑的內耗狀態。就算照顧者的觀點與行爲明顯錯誤，也會默認和支持；即便照料者要求他們做出傷害他人的事，也會乖乖順從、包庇違法犯罪的照料者。

雖然表演者也極度需要他人的關心和支持，也會表現出孩子氣、黏人的一面，但是他們的重點通常會放在公開炫耀與他人的關係、強烈要求受到他人矚目；依賴者則相對低調，以順從和討好爲主。

值得一提的是，如果處於被強迫的環境、罹患斯德哥爾摩症候群的話，雖然一樣會表現出依賴型人格障礙的特徵，實際上卻並不屬於這類型的人。

四、恐懼「獨立自主」

因爲凡事都需要他人代爲決定和選擇，依賴者時常表現得手足無措，導致他們缺乏自信，認爲少了照顧者或他人的幫助就無法獨立生活，也不願主動學習。對於他們來說，一旦學會怎麼獨立生活就會被拋棄，因此他們竭力避免。唯有在照顧者的監督、保證和稱讚之下，依賴者才願意學習一些基本的生存技能或工作。

依賴者常常自我懷疑，看待事物時也十分悲觀。他們會低估自己的能力及資源，時常自我貶低，自稱「愚蠢」。這是因爲他們的潛意識中，希望透過自己的弱小和無能來，激發照顧者的保護欲。他們還會把他人的批評和否定視爲自己毫無價值的證據，對自己失去信心。如果依賴者被迫要開始獨立生活或工作，這種自我貶低的習慣會大大影響到生活和工作。

五、為了獲得照顧而忍受虐待

爲了獲得所需的關愛和支持，就算照顧者的要求並不合理，依賴者也願意服從。甚至在不當的關係裡百般忍耐、長期忍受語言或肢體暴力。外人想要幫助、救援時，他們依然會爲對方辯解，就是要避免自己與虐待者分離。

如果依賴者將書中提到的所有人格障礙者都視爲照顧者，就會以極端順從的方式來忍受病態人格，並從虐待中找到自己的存在感和價值感。

六、無法獨處

因爲依賴者認定獨處就意味著自己無法生存、毫無價值、生不如死，導致他們一個人的時候就會出現憂鬱、嚴重的焦慮和無助反應。這也是他們瘋狂黏人、極其順從的原因之一。爲了不要只剩自己一個人，即便很多地方不想去、很多事情不願參與，他們也會一股腦地追隨照顧者。

在父母面前，他們聽話、乖巧；在上司面前，他們唯命是從；在自認爲重要的權威面前，他們盡其所能地讚美和奉承。爲了迎合照顧者，依賴者長期否定自己的意願和個性，但如此一來，終究會破壞關係，也導致自己陷入憂鬱。

對他們來說，只要能滿足自己依賴的需求、有人願意背負他們的責任、可以提供關心和保護，對象是誰並不重要，哪怕雙方並沒有好感或愛情，也可以即刻展開新的依賴關係。所以依賴者的一段關係結束時，他們會迫切尋求另一段新關係，迅速找到下一位能夠依附的新「照顧者」。

依賴者也常同時具有邊緣型人格障礙、表演型人格障礙，以及迴避型人格障礙。但是比起其他類型的人格障礙者，依賴者極其重視人際關係，尤其是他們與照顧者的關係。

值得一提的是，雖然依賴者和邊緣者都極度渴望關心和疼愛，兩者卻有著非常大的差異。依賴者通常以軟性的控制，透過順從、黏人的方式來維護關係，進而緩解自己的焦慮、憂鬱或是輕生的念頭；邊緣者的控制則十分強硬、暴烈，會藉由激烈的攻擊來威脅照顧者，更會陷在已分離的關係中久久難以忘懷，甚至心懷怨恨和報復心態。

該狠心，還是引導他長大？

──與依賴型人格障礙者相處的合適邊界

健康的親密關係中，雙方是相互依存的，各自都有承擔自身情緒、需求、生活及人生責任的能力，並彼此透過正向溝通、相互合作，來滿足雙方的需求。在這樣的健康依存關係中，彼此平等相待，沒有控制、沒有犧牲，一起體驗人與人之間最深刻的連結，充分成長。

而在依賴共生之中，雙方形成了病態的奴役或圈養關係，不斷試圖相互控制，並用自身未解決的問題來指責對方，期望藉此讓兩人更加親密。但是如果彼此都把自身需求交由對方來承擔與滿足、希望對方替自己成長，最後只會形成退化的虐戀關係。

如果想從依賴共生之中成長或解脫，就需要其中一方有所覺醒（通常是照顧者），瞭解並識別自己所處的關係，停止過度照顧與控制依賴者，並引導他們成長，這其中就包括分離。

五種手段，和平分手

如果在相識初期就能敏銳辨別出對方是依賴者，請盡早保持適當距離。因爲一旦建立依賴共生關係，就不是那麼容易擺脫了。可是如果已經深陷其中，並因此感到疲憊不堪，想要結束這段關係，就需要以下五種手段，幫助你獲得充分的耐心，來處理怎麼和依賴者分離：

▪手段一、聯繫有經驗的心理師，緩解與治療依賴型人格障礙。

依賴者難以面對獨處和分離，毫無自尊地委曲求全、乞求，可能會讓你心軟。他們也會透過道德綁架、負擔的極重方式來挽留你，阻止你離開，比如：「我已經懷了你的孩子，你必須負責」、「你如果離開，我活著也沒有什麼意義了」。

因此，找到一位健康、正向的「幫助者」，也就是有經驗的心理師，幫助他們度過分離的痛苦期，是個可以嘗試的方案。

▪手段二、正面表明態度、克制心軟及控制欲。

與依賴者分手時，請正面表達態度，像是：「我希望我們能夠各自學習獨立和成長，我會盡力，也相信你做得到。我們可以時常分享學習的過程和收穫」，或者「我們不適合，但這不是你的錯，我想自己生活一段時間。如果你會害怕，我可以陪你找到新的伴侶」等等。不要過度指責和羞辱，以免加劇他們的自卑與恐懼，觸發輕生的念頭。

難以忍受空窗期的依賴者，通常會迅速建立新的依賴共生關係，這一點可能會觸發你的占有欲，覺得吃醋或被背叛。請練習承擔和排解這些負面情緒，不要恢復與依賴者的控制關係。

▪手段三、為自己找一位心理師，幫助你度過分離的失控期。

長期的依賴共生關係會讓你在分離時痛苦不已。但是你要知道，學習改善依賴共生關係是有必要的，才能避免你在下一段戀情重蹈覆轍。

在心理師的幫助下，你可以瞭解、辨別出自己在這段關係中未獲得治癒的心理創傷，更增加你對自己的認識，也明白如何應對當下的情形。如此一來，你就能聰明識人，並與他人建立健康的依存關係。

▪手段四、練習建立平等互助的新關係。

瞭解「依賴共生」與「相互依存」這兩種截然不同的情況，以及背後的運行機制，才能幫助你建立平等互助的新關係。不妨從心智成長、親密關係相處技巧等相關書籍或資料中學習，不斷嘗試勇敢拒絕、聰明識人、正向溝通、與他人劃定安全的界線，並學習如何經營一段健康的親密關係。

▪手段五、學會承受自己的情緒，梳理自己的愧疚感或擔憂。

依賴者善用道德綁架來讓你在分離的過程中感到愧疚，甚至擔憂他們之後是否能夠好好生存，導致彼此繼續陷入病態的糾纏。

因此，你應該學會承受自己的情緒，允許自己有愧疚和擔憂的心情，但不透過照顧依賴者來緩解。你的心軟只會讓他們在依賴共生的道路上越陷越深。必要時請聯繫依賴者的朋友或家人，請他們提供暫時的陪伴，這樣也能夠緩解你的愧疚和擔憂。

三點建議，和平相處

如果你意識到另一半是依賴者，並且發現彼此已經陷入依賴共生的關係，但是你願意與依賴者一起成長，就可以考慮以下三點相處建議：

▪**建議一、適當設立界線，鼓勵對方獨立解決問題**。

依賴者在工作中遇到困難，想請你幫他們解決。不要扛下他們大部分的責任，而是要慢慢培養他們獨立思考和實踐的能力。這時，你可以先耐心地詢問他們的想法並鼓勵加以實踐。完成後，也別忘了給予肯定和支持。

▪**建議二、引導他們重視自己的意願和需求，培養自信心**。

接納另一半是依賴者的事實，耐心地瞭解他們的眞實意願、眞正喜歡的人事物，鼓勵他們按照自己的想法來溝通與做事，給予大量的支持和認同，慢慢培養出他們獨立行事的自信。

■ **建議三、提升他們的內在價值感。**

有意識地引導依賴者自己做決定。例如：「你喜歡這條裙子，還是那件褲子？」、「你今天想吃火鍋還是燒烤？」、「你喜歡待在家裡，還是去外面逛街？」不斷擴大他們的選擇空間、支持他們的選擇，就能慢慢引導他們走出沒有主見的牢籠，養成獨立決策的習慣。

當然，務必意識到依賴者的變化非常緩慢。一旦面臨分離，他們就會產生激烈的反應，很可能導致一切前功盡棄，所以耐心是非常重要的。在這段過程中，你也要不斷放下自己渴望「被需要」、「控制他人」的欲望，無條件地將依賴者的意願放在首位，盡可能地接納和支持他們。

CHAPTER 07

〖 別太靠近我！ 〗

迴避型人格障礙者

AVOIDANT PERSONALITY DISORDER

遇到喜歡的人或喜歡自己的人就百般猶豫……好不容易鼓起勇氣拉近彼此關係，卻又覺得自己不值得被愛、不想太過親密，於是變得忽冷忽熱、若即若離。

這種矛盾的狀態，是迴避型人格障礙者（後簡稱「迴避者」）的真實寫照。

為什麼你都沒有反應？

——與迴避型人格障礙者相處時的感受

令雙方都覺得舒服的關係，就建立在彼此眞誠相待、相互信任與理解的基礎上。然而與迴避者相處時，情緒與意願往往遭到他們忽略，更常常被拒絕溝通。

以下是與迴避者相處時會出現的兩種感受：

一、無能為力

與迴避者相處，最明顯的感受就是無能爲力。

迴避者缺乏自愛的能力，也不懂得如何愛人，更時常恐懼親密關係。他們不擅長表達情感，面對感情時小心、謹愼、被動。他們渴望另一半能無條件地愛他們，自己卻不敢付出全身心地去愛對方。當另一半想牽手，他們就說自己難爲情；當另一半想擁抱，他們就說自己不舒服；當另一半想接吻，他們就找理由推託。

他們習慣透過保持距離，來避免讓自己恐慌與失望，面對迴避者頻繁的「冷暴力」，另一半除了無奈，更是無助。每當雙方發生衝突，迴避者就會像鴕鳥一樣躲起來獨自生悶氣，不願主動解決問題、分攤生活壓力，讓另一半覺得莫名其妙被冷落，不知道發生了什麼事，因此感到十分委屈和焦慮。但是因爲他們什麼都不願意說，因此也無法有效溝通。這種分裂式的愛總是讓另一半既困惑又疲憊，更無法獲得滿足。漸漸地，伴侶就會對他們的關係失去信心。

二、無趣

與迴避者相處，還會覺得無趣。無論和他們說什麼，得到的都是十分冷淡的回應。與他們聊聊工作上的成長，只聽到一聲「嗯」；與他們分享趣事，只回覆一聲「哦」；與他們訴說煩惱，只得到一句「這樣啊」，甚至更可能只得到沉默。

久而久之，會覺得與他們分享日常是種自取其辱的行爲，不再是交心和建立親密連結的過程。更可能覺得彼此建立的關係是單向、孤獨且乏味的。

迴避者或許也有豐富的情感，但因爲太害怕說錯話、太難說出拒絕，最後表現出來的只剩下冷淡的態度。或許他們在左思右想之後不知道該回些什麼才好，於是乾脆選擇不回覆。

安靜角落裡的神祕發光體

——為何被迴避型人格障礙者吸引

在這個充滿自戀狂和表演狂的時代，人群中那些安靜內向的人往往更容易讓人留下好印象，而他們也許就是迴避者……以下三點正是他們吸引人留意的特徵：

一、靦腆文靜、充滿神祕感

他們不吵不鬧、不想被注意、看起來十分神祕，實在令人好奇，充滿遐想。

表面上看來溫和、怯弱、不具攻擊性，加上靦腆文靜的氣質，往往是迴避者一開始吸引人的原因之一。這樣內斂、憂鬱的氣質，特別吸引性格互補的外向者注意。

二、深情款款

也許迴避者在生活中並不主動，但是他們的內心戲其實十分豐富。一旦他們對你感興趣，你可能已經在他們內心的愛情劇本裡一同度過春夏秋冬，因此造就了迴避者一種莫名其妙的深刻情感。

就是因爲他們多半都在獨處和內心糾結的狀態，在不需要人際交往的學業或工作領域裡，比如繪畫、寫作等較能充分發揮其天馬行空幻想、逃避現實的藝術領域，通常都能表現得很好。

三、需要被保護

因爲迴避者總是自卑、沮喪、無助，這種脆弱的氣質會引來渴望「拯救」他們的人。雖然他們不善表達，一旦接受照顧也很可能發展成依賴共生關係，彼此虐戀卻難捨難分。

冷暴力專家，沉默的玻璃心
——他是迴避型人格障礙者嗎？

迴避型人格又稱爲「焦慮型人格」，不僅長期受自卑情結困擾、害怕與他人聯繫、內心戲豐富卻難以正向表達，在親密關係中也常常迴避溝通、給予伴侶冷暴力。因此，具有迴避型人格障礙的人，會讓自己和他人都感到非常無力和疲憊。

迴避者有以下七大常見特徵，如果身邊的人符合超過三個以上，那麼他們就很可能是迴避者，不管是和自己、和他人都難以深入相處。

一、社交恐懼

迴避者害怕批評、尷尬或衝突，往往會避免與他人交際，也不會從事需要大量接觸人群的工作。在人多的場合，他們內心怯懦而膽小，容易感到焦慮、緊張，生怕在社交場合遭到負面評價或攻擊，所以表現得十分拘謹。偏偏這樣的態度往往會遭受調侃，以至於他們更加不願意與人相處。

小芸是具有迴避型人格障礙的大學生，但因爲常常覺得孤單，而來找我聊聊。

小芸的內心情感細膩且豐富，也嚮往與自己欣賞的人建立連結。她很希望能與自己欣賞的同學小夢成為朋友，也渴望與心儀的男生大明有進一步的接觸。但是她不擅長表達，也不敢有所行動。她十分害怕小夢不喜歡自己，不願意當她的朋友，更擔心被大明拒絕，所以一直停留在暗中觀察和暗戀的階段。

於是一個學期過去了，她從未參加過同學辦的任何活動，也沒有勇氣與喜歡的同學或異性多說一句話。看到小夢交了新朋友，她十分失落；看到大明交了新女友，她萬分沮喪。

我問小芸，如果向欣賞的同學表達欣賞、向心儀的男生告白，會發生什麼讓她害怕的事？她說自己太平凡了、長得不好看、性格也不開朗，就算喜歡什麼人，也會被對方嫌棄、覺得有負擔。

同學們邀她一起去旅行，小芸左思右想還是拒絕了，選擇回家與家人待在一起。儘管她與家人常常聊不上幾句話，也無法相互理解，但回家讓她覺得更安全，也能化解一定的孤獨感。

我問小芸，為什麼不試著參加同學辦的活動。她說自己常常因為太緊張而出糗。高中時她曾經參加一次同學聚會，她唯一的朋友，整場活動都在和其他同學聊天，讓在角落無所適從的她，感覺如坐針氈。好不容易熬到聚會結束，她下定決心，再也不想體驗這種窘迫感。

二、過度敏感、易感羞恥

迴避者的內心敏感、脆弱，因爲過度害怕暴露眞實的自己、表達眞實的想法會遭到嘲弄或羞辱，迴避者往往會表現得十分拘謹。他們很容易臉紅、哭泣，也無法完整表達自己的情緒和觀點，更不願分享自己的日常，所以迴避者給人的感覺往往是害羞、膽怯、孤僻，還帶點距離。

除非有人喜歡他們，而且不帶任何意見和調侃，才敢勉強爲彼此的關係踏出一小步。獲得正面評價時卻非常焦慮，因爲他們堅信自己沒有這麼好；收到負面評價，卻非常容易認同、在意，只要對方稍有不滿，不僅會立刻惶恐地拉開距離，還會自責、覺得丟臉，並審查每一個細節來找到被嫌棄的證據。潛意識裡，他們覺得自己一定會被挑剔和批評，甚至可能因爲害怕負面評價，而放棄獎學金、工作或升遷機會。

但是迴避者渴望與他人聯繫、建立親密關係、得到無條件的接納和愛，卻無法承受任何關係中的疏忽和衝突。他們往往會將關係理想化，沉浸在自己對完美關係的幻想裡。因爲無法處理恐懼和羞恥的感覺，一旦幻滅，就會澈底否定、逃離關係。

經過反覆的糾結和思量，出於強烈的友情需求，小芸終於在下學期嘗試鼓起勇氣向同學小夢表達自己的欣賞之情。小夢相當友善，兩人互加社群好友。這對小芸來說是一個很好的開始，她也因為自己能進一步認識小夢而默默開心。

沒過多久，小芸又遇到令她十分困擾的問題——她發現在小夢的發文按讚、留言都沒有得到回覆。小芸因此深感焦慮，不斷反省自己的留言是否合適、回想相處的每個細節是否表現得體，認為自己果然不討人喜歡，更為此痛苦、失眠許多天。直到小夢回覆，才讓她焦慮的心情稍微好轉，卻也讓她決定不再去社群上按讚、留言了，因為等待回覆的過程對她來說實在太煎熬。

雖然依賴者也會將他人的負面評價視爲自己沒有價值的依據，卻傾向更加討好照顧者，而不是逃離關係；邊緣者也習慣接收他人的負面回饋，但往往以暴怒來反擊，而非透過內耗來應對。

三、悲觀、消極、自我貶低

迴避者的內心深處是非常悲觀的，消極的思考方式往往會導致他們非常容易失望、自我否定，更對他人的負面評價念念不忘。就算只是稍微表達不贊同或給些建議，他們也可能沉浸在受傷和自我貶低的狀態裡，久久不能平復。如果遭到諷刺或嘲笑，更會進而出現自我厭惡。

無論自己說什麼、做什麼，迴避者都覺得其他人會認爲自己很糟糕、不夠好或錯誤。導致他們什麼都不說、什麼都不做，在關係中不聯繫、不回應。表面上看似風平浪靜，私底下的迴避者可能反覆糾結到崩潰。

在某次合作過程中，小芸和暗戀的男生大明，因此有了交流的機會，兩人互加社群好友。小芸又害羞又緊張，每次與大明討論功課時，都小心翼翼，生怕自己說錯話，發文也小心翼翼。

由於小芸在溝通過程中十分溫和、做事認真又細膩，讓大明相當認可她的學習能力。每當大明稱讚小芸，她都會惶恐地表示自己做的都是最基礎、最簡單的事情，其實自己並不聰明，請大明不要給她壓力。後來，專案總結時，大明提出一些修改意見，還開玩笑地表示，小芸漏了其中一個內容。結果小芸就此崩潰，痛哭流涕地說她做不來，請大明找別人做。

自此之後，小芸沉浸在自我否定的痛苦和糾結中很久很久。每每想到大明對自己失望就痛苦不已，也認為自己根本不配與他成為朋友，更嘲笑自己竟然妄想與他談戀愛。於是小芸退出大明所在的專案、還刪了好友。大明多次聯繫小芸，無論怎麼聯絡和道歉、多麼想與她溝通解開誤會，都被她拒絕了。

漸漸地，小芸和大明再無交集。這次專案合作的挫敗，導致小芸畢業時也不願參加學校安排的實習，因為她覺得自己總是令人失望、沒有工作能力。她逃避進入社會工作，選擇留下來考研究所。

雖然強迫者也時常自我苛責、自我貶低，但他們的自我否定是因爲不滿意自己的「不完美」；迴避者的自我否定，則是覺得自己根本一無是處。

四、自卑情結

奧地利心理學家阿德勒（Alfred Adler）在《自卑與超越》（*What Life Should Mean to You*）中提到，每個人都有不同程度的自卑感。自卑感會成爲我們成長的動力，鼓勵我們不斷解決問題、變得更加優秀。然而，一旦對自卑、無能爲力的感受無所適從時，便陷入了「自卑情結」。此時自卑感不再是成長的動力，而是困住人們的主要力量。

迴避者就是陷入了自卑情結，因此一蹶不振。自卑情結也會讓迴避者無法充分發展、發揮自己的潛能，更容易養成他們輕易放棄的習慣，因此錯過很多難得的機會，比如保送研究所的名額、職位的升遷、與喜歡的人相戀等等。

他們認定自己缺乏個人魅力、低人一等，不會有人眞心喜歡自己，進入「越恐懼—越迴避—越不討喜—越不願社交」的惡性循環。當他們難過、痛苦時，自卑情結會阻礙他們向外求助、尋求安慰，因爲他們害怕遭到否定和指責，更擔心影響到自己在對方心中的形象，只好不斷內耗，壓抑負面情緒，最終造成嚴重的心理創傷，同時也讓親密關係越發疏遠，令人疲憊。

五、迴避挑戰和衝突

由於長期深受自卑情結困擾，迴避者的心理承受能力十分薄弱，抗壓能力也不足。哪怕只是一點點小挫折，都可能帶給他們巨大的打擊，陷入悲觀的惡性循環。因此迴避者通常不願意面對挑戰、應對困難。他們會誇大潛在的風險，往往還沒開始行動就認定自己一定會失敗，迴避或逃避行動。

由於害怕被拒絕和負面評價，迴避者遇到衝突時總是表現出鴕鳥心態。朋友或戀人一生氣，他們就在自己情緒崩潰前逃離現場，以逃避和冷暴力來壓抑自己的情緒波動。除非對方自行好轉並百般求和，否則迴避者會持續被動、消極、拒絕聯繫。

六、恐懼親密

在親密關係中，迴避者一開始會表現得隨和、害羞，讓人覺得他們溫和又單純。但是相處時間一久，就會發現他們的態度忽冷忽熱，時而想拉近關係，時而又恐懼退縮。雙方之間彷彿有堵牆，迴避者總是強力防禦，從不坦承自己的眞實感受和想法。

這是因爲迴避者的內心極度脆弱、缺乏安全感，也是因爲他們認爲自己並不完美、沒有魅力，不配得到他人的關愛，更堅信一旦暴露出眞實的自己就會被嫌棄。爲了不讓親密關係傷害到自己岌岌可危的自尊、爲了避免承受難以應對的焦慮和痛苦，他們經常迴避親密之舉，無法與他人深入相處。更常常一遇到衝突就選擇逃離，讓對方十分無力和疲憊。

但是迴避者仍舊渴望親密關係、期待他人無條件的接納和喜愛、希望有人可以信任和依賴，卻也同時害怕被拒絕、被嫌棄、被依賴、被拋棄、被迫分離……在這個來回拉扯的過程中，迴避者努力平衡現實與自己內心的幻想，卻總是難以適應現實的不完美。他們擔心在親密關係中受傷，而這股恐懼遠遠大過於對親密關係的需求，所以他們總是喜歡沉浸在自己的戀愛幻想裡，難以接受眞實的親密相處。

因此，迴避者的內心都有著自己認可的「理想愛情」劇本，他們可能會覺得對方要像《神雕俠侶》裡的小龍女般專一，或像《白蛇傳》裡的許仙和白娘子的相遇充滿機緣巧合。只要現實有一點偏離他們理想的劇本，迴避者就會極爲失望，想抽身離去。但是他們理想中的愛情既不現實也不完美，還總是充滿需要解決的衝突。

前面提到的小芸，從小就嚮往電影《鐵達尼號》裡那種至死不渝的熱烈愛情，因此潛意識裡就覺得愛一個人需要有超越生死、以死明志的勇氣。但是在現實生活中，這樣的愛情其實十分少見。

七、溝通障礙

溝通能力包括表達、傾聽和理解，是展現一個人的情緒智商、認知能力和價値觀的重要方式。但是由於迴避者過度自卑，又有社交恐懼，他們的溝通能力往往也因此退化，難以與他人建立有意義的親密關係，總是給人一種冷漠、疏離的感覺。

他們難以用語言清楚描述自己的眞實感受，也不願與他人分享，因此常常處於較爲壓抑的狀態。他們的情緒反應通常非常極端，會突然暴怒、崩潰大哭或自閉等等。

迴避者也會因爲情緒的不良反應，而無法好好傾聽。只要接收到一點點帶有否定或不認同的訊息，就會因爲過度敏感和悲觀，導致自己淹沒在恐懼、焦慮、痛苦的情緒之中。所以迴避者常常和人講話講到一半就突然離開現場，終止傾聽。

無法好好表達與傾聽，也讓迴避者難以理解、正確歸納資訊。他們多半會把他人的表達理解爲對自己的貶低和否定，所以常常出現答非所問，或是沉浸在自己的情緒中不願回覆的冷暴力狀態。

以上就是迴避者的常見七大特徵。對於他們來說，「愛」是無比渴望又無比恐懼的存在。一段關係越是親密，就會讓他們越想逃離，因此盡力避免開始一段感情。

値得一提的是，迴避型依戀和迴避型人格是完全不同的。前者指的是依戀類型，他們根本不喜歡與他人聯繫，覺得獨處才是安全自在的，因此非常獨立，也不會出現自卑情結；後者指的是一個人的人格類型和行爲模式常以迴避、逃避的方式來應對，以舒緩內心對衝突和攻擊的恐懼，但是內心非常渴望有人可以依賴。一旦建立信任關係，他們也會表現出依賴者的黏人特點。

該放手，還是耐心陪伴？
——與迴避型人格障礙者的相處邊界

與迴避者相處就要面對一個現實：和他們難以建立眞正的親密連結和信任關係。迴避者內心有著極強的防禦系統。爲了與你在一起，他們可能會暫時放下部分的防禦僞裝。但是無論多麼努力想打開他們的心門，也無法改變他們覺得眞實自我無法被接納的信念。長久相處下來，迴避者會漸漸開始拒絕溝通。你們明明近在咫尺，心裡的距離卻越來越遠，讓你越來越孤獨無助。

瀟灑離開，不再回頭

請正視自己的情感需求！如果你想獲得舒適、健康、信任的親密關係，就需要離開迴避者，而不是以爲自己的犧牲能夠改變或治癒他們。

你可以直接離開、結束關係。比起其他類型的問題人格者，迴避者不會在分離時持續糾纏，因爲他們早有「對方最終會離開」的悲觀預言，分開對他們來說反而是種解脫。

你離開之後，迴避者可能會深陷在受傷的情緒或幻想中持續內耗，不會干擾你，最多只是默默關心你的動向。如果你過得不錯，他們會沮喪、生自己的氣；如果你過得不好，他們可能會幸災樂禍。

迴避者可能會跟共同的朋友或同事說你壞話，或是在自己的社群平台上抱怨或攻擊你。雖然他們的攻擊性比較隱晦，你依然能感受到深深的敵意和惡意。但是就讓他們去發洩吧！不要想與他們溝通清楚，或是希望澄清。你只要專注地治療自己在這段相處過程中受到的創傷，減少或完全不關心對方的一舉一動。

四個重點，接納彼此

如果你也害怕分離，不願放棄與迴避者的病態依戀關係，就需要接納他們的人格，犧牲自己的需求和意願，一切以他們的需求和意願爲主。以下是與迴避者相處的四個重點：

▪重點一、接納迴避者的行為。

迴避者不願意互動，是因爲他們太害怕被忽略、被傷害。比起與他人相處，他們更喜歡活在自己的幻想世界裡。如果你想繼續維持與他們的關係，就允許他們沉浸在自己的幻想裡，不要強迫他們進行深度溝通或建立親密關係。不要強迫他們表露情感、展現熱情。更要理解他們的社交恐懼，不要強迫他們陪你參加朋友的聚會等等。

迴避者缺乏安全感，害怕全身心地投入一段感情會受傷，所以會把自己保護得非常好，絕不朝他人多邁一步。他們之所以如此防備，是因爲在成長過程中得到的關愛和肯定不足，導致成年後陷入自卑情結。如果你想要與迴避者繼續相處，就需要無條件地多鼓勵、支持和讚美他們，並且瞭解他們面對肯定的評價時會出現抵觸的反應，陪伴他們慢慢適應、持續給予支持。

▪重點二、理解迴避者無法大方地愛。

迴避者往往對待伴侶十分冷漠，卻希望對方能夠熱情如火；即便伴侶不吝讚美又包容，他們仍舊充滿防禦，令關係中的另一半非常傷心。

迴避者並不知道如何好好地愛一個人，也不懂得如何積極表達自己的情感，所以需要你理解他們的冷漠，在他們想保持距離時不要太靠近、他們需要你支持時及時給予、他們冷戰時耐心等待。

如果你決定繼續與迴避者相處，就需要繼續充滿耐心地包容他們的多疑，試著猜想他們的需求，不斷給予鼓勵和肯定。

▪重點三、給予迴避者無條件的鼓勵和支持。

迴避者並不需要你的拯救或幫助，只需要你接受他們不是熱情的、自信的、親密的，並且不會因此抱怨、強行要求改變，就能讓他們獲得充分的安全感。

迴避者的內心住著一個敏感脆弱的小孩，在他們消極時耐心傾聽，再從中找到能鼓勵和幫助他們的部分，表達你的理解和認同。讓他們覺得無論如何都不會被你嫌棄和拒絕，就能讓他們慢慢敞開心門。也別忘了及時肯定對方做出的改變，慢慢給足安全感，迴避者就會漸漸放下自己的防禦和敵對。

▪重點四、照顧好自己的情緒和需求。

期待迴避者照顧你的情緒和需求是不切實際的想法，因爲這點，連他們自己都做不到。想要迴避者安慰和擁抱你，只會陷入無盡的失望和怨恨之中。所以與迴避者繼續相處時，你需要能夠好好照顧自己、肯定自己。

必要時不妨尋求心理師的幫助，以免在這段冷漠關係中懷疑自我、迷失自我。心理諮商也能提供更專業的相處建議，解開你內心的疑惑、梳理你的情緒。

CHAPTER 08

〖你休想離開我！〗

邊緣型人格障礙者

BORDERLINE PERSONALITY DISORDER

為什麼一言不合就絕交、一生氣就撂狠話，彷彿我們從來不是好朋友？
為什麼他剛才還讚美我是世界上最好的人，轉頭又將我貶得一文不值？
為什麼不答應和他交往，就威脅要和我老死不相往來？
為什麼聰明、有教養的人可以瞬間破口大罵，失去理智？

如果你曾經碰到上述的極端對待，就很有可能遇到了邊緣型人格障礙者（後簡稱「邊緣者」。）

跟你說話，字字句句都要小心

——與邊緣型人格障礙者相處時的感受

有一種人，在相處初期會迫切地給予他人極高的認同和讚賞，沒過多久卻又變得非常厭惡對方，唐突且無理地拒人於千里之外。等到對方忍無可忍離去時，他們又以自虐、自殺來威脅對方回到自己身邊。如此來回往復的循環，讓身邊的人如履薄冰又心力交瘁，渴望逃離又不敢走遠……他們就是邊緣型人格障礙者。

邊緣者的情緒通常並不穩定，還很易怒、衝動，這些明顯的特徵往往會讓人留下深刻的印象，很容易識別。長期與邊緣者相處，通常會出現六種感受，大都會嚴重擾亂思考及感受，進而影響到情緒與行爲。

一、恐懼

要是有人對你說：「我明天隨時隨地都會打電話給你。」這種不確定造成的焦慮，可能會讓人徹夜難眠，無法尋求合適的幫助。

與邊緣者相處就是如此，長期沉浸在這種不確定的驚恐和焦慮中，好像處處是地雷，步步都驚心，也會讓人身心失衡。明知道他們會爆發，卻無法確定何時、何處；明知道他們會情緒失控，卻不管多謹慎都防不勝防。既害怕自己隨時會遭遇邊緣者的憤怒和攻擊，也擔憂他們會自殘或自殺。

因爲邊緣者總是用激烈的方式，威脅你犧牲自己的需求和意願，去滿足他們，最後往往只好被迫妥協；因爲邊緣者會占用你大部分的時間和注意力，並對你的其他關係懷有敵意，久而久之就會離健康的人際關係越來越遠，越來越孤立。

二、迷失自我

如果你的家人、戀人或朋友是邊緣者，每天不停地罵你，怎麼可能無動於衷、不受影響呢？

與邊緣者相處，往往要承受他們頻繁且高強度的指責與否定，不論你是否認同這類語言攻擊，邊緣者極為強烈的不良情緒都會影響你的情緒和自我穩定感。長期下來，也會讓你迷失、懷疑起自己：是否能成為稱職的父母、伴侶或朋友？是否真的有相互成長的舒適關係？是否真的有美好情感生活？自己是否值得被善待？自己的信仰是否正確？自己的存在是否有價值？最終可能對生活現狀萬分沮喪，覺得人生沒有希望。

面對邊緣者長期沒頭沒腦的嫌惡和怨恨，你總是覺得莫名其妙，不知道自己為什麼要被這樣對待，更不知道自己做了什麼罪大惡極的事情。無論如何都無法讓邊緣者滿意和信任，更無法停止他們的攻擊，這一切都讓你既困惑又充滿壓力。

三、羞愧、恥辱

與邊緣者相處時，會持續感受到羞愧和恥辱。可能是因爲發現自己非常討厭邊緣者而覺得羞愧，也可能是因爲長期遭受攻擊卻無力改變現狀而感到恥辱。

正常範圍內的恥辱和羞愧能夠約束一個人的道德和行爲，長期持續的話，卻會讓人無地自容，不敢表達自己的意願。

四、空虛、孤獨

邊緣者有一定程度的溝通障礙，往往會瞬間跳轉，透過激烈、失控的情緒表達。當他們的情緒淹沒理智，溝通也就中斷了，接踵而來的是強烈且冗長的指責、埋怨、謾罵。

與邊緣者相處久了，因爲無法正常溝通、相互理解而獲得肯定與支持，必然會感到無盡的痛苦、孤獨和空虛。而且由於邊緣者缺乏現實適應性，又常常將自己的恐懼和焦慮強行歸咎於他人、顚倒黑白，也會讓身旁的人漸漸分不清現實與幻想，進一步帶來難以排遣的孤獨和沮喪體驗。

五、精疲力竭

長期遭受邊緣者的猛烈攻擊，身心都會感到極度疲憊。

如果怎麼努力都難以改善自己與邊緣者的關係，就會形成無力感，讓人瀕臨崩潰；如果遭到邊緣者以各種威脅困住，陷在病態關係之中，就會進入習得性無助的狀態，置身情感麻木、冷漠和憂鬱的危險之中。

六、憤怒、瘋狂

憤怒的情緒極具感染力。長期待在易怒的邊緣者身邊，也會變得容易生氣、煩躁。其中那股更深層的憤怒是出自於對自己的無能、對邊緣者的無奈，以及對現實的無力。

邊緣者的憤怒往往是因爲極度擔心被拋棄，對方的憤怒則通常來自與邊緣者相處時感受的極度委屈、壓抑和無助。

無論怎麼努力證明自己的真誠，邊緣者都不會相信。一旦面露難色，邊緣者頃刻之間就會跳轉到破壞和敵對模式。明明知道彼此的關係是病態的、危險的，偏偏因爲害怕邊緣者的「同歸於盡」或「自殺威脅」成眞，覺得難以逃離。

與邊緣者相處，一言一行、每個選擇都充滿危險，因爲他們破壞力極強的極端情緒可能一觸即發，除了承受也別無選擇。

邊緣者的情緒和行爲容易失控，讓他們變得較難相處。當然其中也有一些人的特徵沒那麼明顯，情緒和行爲不那麼激烈，不容易在相處初期辨別出來，但是他們都一樣喜歡以受害者自居、常因害怕分離和被拋棄而指責或攻擊他人、易怒、喜歡用極端的方式威脅他人。

他一直在傷害我，但我就是愛他！

——為何被邊緣型人格障礙者吸引？

也許你會好奇，什麼樣的人會選擇邊緣者當伴侶或朋友呢？

邊緣者吸引人的關鍵，也許就在於他們常常會直接開啓親密接觸模式，以逃避自己對分離和被拋棄的恐懼。在外人看來，他們這種熱烈奔放的表現極具吸引力。很多擇偶或擇友只看感覺的人，就很容易被邊緣者的這種熱情迷惑，忽略他們的價值觀、性格和人格表現。

與邊緣者相處一段時間之後，發現他們極不穩定的情緒、極強的攻擊性，以及極衝動危險的行爲傾向後，仍然無法離開他們的人，多半是出於以下六個原因：

一、斯德哥爾摩症候群

一般來說，受虐者會想要離開施虐者，去擁抱正向、樂觀、積極的生活。然而深陷虐戀關係的人卻正好相反，往往會反常地發展出不健康的深度依賴，與施虐者在病態中共舞。有些家暴受害者多半就屬於斯德哥爾摩症候群，極力爲家暴者辯解而不願離婚。

斯德哥爾摩症候群這個心理學名詞，來自於一九七三年發生於瑞典斯德哥爾摩的一起銀行劫案。當時遭到挾持的人質對搶犯產生感情，在法庭上極力袒護罪犯。

患有斯德哥爾摩症候群的人會出現以下幾種症狀：

- 受虐者眞正覺得施虐者威脅到自己的存活。
- 受虐者可以接收得到施虐者展現的微小善意。
- 受虐者完全不知道（或不敢思考）施虐者除了暴力還有其他選擇。
- 受虐者堅信自己無法逃脫虐待（習得性無助）。

若是套用到一段關係之中，則是會出現以下這幾種狀況：

- 受虐者執著於「我知道他一直在傷害我，但我就是愛他！」的想法。
- 有人提醒受虐者這段關係的危害，卻堅持別人不懂，還疏遠提醒的人。
- 受虐者十分感激施虐者的小恩小惠，偶爾不施虐就讓他們十分開心。
- 受虐者會替施虐者找藉口：他有創傷、他很可憐、他只是太愛我。
- 受虐者過度在意施虐者的需求，而漸漸喪失自我。

斯德哥爾摩症候群是一種特殊的心理疾病，需要進行專業的心理治療才能緩解。受虐者有意願配合治療，才有可能眞正走出病態關係，重建自我和自尊。

二、「拯救他人」的需求

所謂的「拯救者」最初都是出於好意，相信自己能夠幫助邊緣者（或是幫助書中解析的每一類人格障礙者）。他們覺得唯有被需要、能提供幫助、大大影響他人，他們才有價值，而且價值非凡，能人所不能。這是一種從外向內，反向建立自我價值感的病態邏輯。

但是他們的幫助方式是犧牲自己的意願，給予超出自身能力的忍耐和包容，並承擔本不屬於自己的責任。這樣的「善良」通常帶著一些自戀和天眞，讓他們心甘情願地成爲受虐者，幻想自己擁有超能力，可以改變人格障礙者。

要是邊緣者有購物狂傾向，拯救者型的父母就提供過度的經濟援助；要是邊緣者脾氣一來，拯救者型的伴侶就過度順從。這些「拯救」行爲無疑助長了邊緣者的病態行爲模式。這樣的邏輯不僅行不通，還會適得其反。過度承擔人格障礙者的生活和人生責任，會完全扼殺掉他們成長的機會、讓他們的心智停止成長，更可能導致他們無法瞭解做出衝動行爲是要承擔後果的。

拯救者最終變成了執著的受虐者，還幻想自己能夠改變人格障礙者；人格障礙者也會固定地、精準地虐待拯救者。虐戀關係越來越緊密，兩人都深陷其中，嚴重消耗身體與心理。

有名受虐者就曾說：「當時，我相信自己會是他痛苦人生裡的救贖者，可以改變他。我希望自己是個例外。我一定不會讓他失望，一定能帶著他一起變好！沒想到最後他沒有好轉，我還因此罹患憂鬱症。」

三、情感體驗膚淺

擇偶時只看重外在價值，比如顏值高、財力豐厚、有才華，卻忽略了要考量內在人格，讓許多人選擇與人格障礙者當伴侶或朋友，也是許多人無意識地成爲受虐者、患上斯德哥爾摩症候群的原因之一。

四、低自尊

自尊指的是自我尊重，既不向別人卑躬屈節，也不允許別人歧視、侮辱自己，更不會自我苛責。自尊能夠帶來內在能量，在別人喪失理智、蠻橫指責的時候，能夠保持清醒不認同。

而低自尊者缺乏的正是這種正向支持自己的能量，所以才會在生活裡常常遭遇進退兩難的情況。他們更容易認同虐待，甚至會與施虐者一起虐待自己。因此，低自尊者與邊緣者常常會相互吸引。

邊緣者對外有極強的攻擊性，低自尊者原本就時常評價及攻擊自己，因此面對邊緣者的攻擊，總是輕易放棄底線，極有可能瞬間就認同並適應，潛意識裡還會覺得這是自己應得的對待。於是虐戀關係形成並逐漸穩固，慢慢蠶食雙方，進入病態、消極的循環。

五、不甘心

人類天生就討厭損失，意外撿到一百元的欣喜，總是無法彌補丟掉一百元的懊惱。因此，一旦需要做出可能面臨損失的決定時，「不甘心」這個心理陷阱總是容易讓人抽不了身，結果越陷越深，損失慘重，甚至可能變得一無所有。

許多人無法走出與邊緣者的耗損關係，可能就是出於不甘心。畢竟，一路走來經受龐大的精神虐待，不甘心一無所獲地離去。想要在這段關係之中有所收穫才離開，結果卻再也離不開。

六、恐懼

邊緣者時常用虐待、自虐或自殺，來威脅身邊的人滿足他們的需求，讓人萬分恐懼和擔憂。這種極度害怕人身安全的恐懼，往往也是許多人不敢離開邊緣者的重要原因。

激烈的情緒往往具有極強的感染力，長久相處之下，也會被邊緣者傳染，常處於驚恐、焦慮的環境，更可能因爲害怕衝突與痛苦，變得更加順從邊緣者。或是慢慢喪失自信和自尊，害怕分離之後的未知狀態，於是陷入兩難，不知道該繼續還是選擇離開。

當恐懼和焦慮成爲一種習慣後還可能會上癮，並且喪失理智決策的行動力，反而不適應安全、健康、積極的人際環境。

對某些人來說，虐戀關係有著獨特的魅力，能帶來非常刺激的情緒體驗。他們覺得：「只有痛才是愛」、「愛就應該轟轟烈烈、尋死覓活」、「只有在虐待中，才感受得到自己的重要和存在」。這種對「愛」的扭曲，往往是與邊緣者深陷虐戀關係的重要原因。

一言不合就翻臉，關係中的未爆彈
——瞭解邊緣型人格障礙者的特徵

邊緣者具備十二個特徵，只要有人符合以下任何一個特徵，都很可能讓與其相處的人變得十分痛苦。

一、非黑即白、極端思考

「非黑即白」是種極端的絕對論。事實上，黑與白之間還有灰色地帶，某些人卻忽視這些中間色的存在，局限選擇的範圍，非此即彼。

邊緣者正是以這種極端的思考來看待世界、看待自己、看待人際關係。他們認爲，只要不是無條件、完全衷心地支持自己，就是存心找碴、刻意傷害，沒有其他可能。所以，他們會瞬間從朋友變成敵人，翻臉比翻書還快。

曾經有個具邊緣人格障礙的求助者，對於「時間到了」這個提醒產生非常嚴重的焦慮和攻擊反應。

當他表現強烈情緒、誇張行為和極端思考時，我會耐心傾聽、理解。聊天的過程中，他把我當成最知心的朋友，和我寒暄，還說有機會見面的話，要請我去他最喜歡的餐廳吃飯、介紹很多朋友找我。

但是當我告知時間已經超時，他覺得我變得疏遠、破壞了暢聊時建立的親近感，瞬間開始攻擊我：「你為了賺錢，什麼話都能說」、「像你這種多得很，我也不是非找你不可」、「找你，我覺得毫無效果」等等。

過兩天再來時，我切換到工作的親近、傾聽和理解模式，他的態度又馬上好轉，向我表達喜悅和善意；時間結束，他又再次發動攻擊，如此反覆不斷。

只有極少數「輕微邊緣型人格障礙者」因為自身有著強烈的改變意願，透過不斷練習梳理情緒、不斷反覆嘗試鍛鍊情商、不斷耐心拓展認知，才能漸漸好轉，建立較為健康、舒適的親密關係。

二、極度的分離焦慮、害怕被拋棄

每個人都害怕分離、擔心遭到拋棄，但是多數人只有在面對真正的分離才會覺得恐懼和焦慮，也能合理地表達難過或憤怒的情緒、允許雙方分開。

但邊緣者的恐懼遠大於正常人。不僅對於實際的分離過度反應，甚至會因為自己幻想出來的情形而出現強烈的情緒。對他們來說，分離與被拋棄意味著他們的價值和信仰完全被否定，只能透過拚命反擊，來發洩隨著恐懼而來的憤怒。正由於這種疑心病，讓他們幾乎對外界的所有變化都極其敏感。

除了因為「時間到了」而瞬間翻臉的邊緣者，像是另一半出差、聊天完要掛電話的短暫分離，也很可能引發邊緣者的恐懼和焦慮反應，出現無端指責或無故大發脾氣的行為。還有像是與邊緣者約會遲到、沒有聽清楚他們的話、與他們持相反意見、表態拒絕等，也會引爆邊緣者的歇斯底里及激烈的憤怒攻擊。

邊緣者情緒失控時，會隨機出現向內或向外的猛烈攻擊。向外攻擊時，邊緣者會說出最惡毒、最具侮辱性的話語，甚至出現暴力行爲；向內攻擊時，他們會自我貶低、自殘或自殺。

三、自我認知不穩定

隨著年齡增長、心理成熟，多數人會漸漸形成穩定的價值觀和信仰，也會形成穩定的內在自我形象、自我價值感。但邊緣者做不到，因爲他們是依靠外界與他人評價來反向建立自我形象和自我價值，並且傾向只接收負面反饋。

表現在行爲與個性上，就是極其善變、毫無定性。如果有人評價邊緣者是個敏感的人，他就會認爲自己很敏感；如果有人覺得他是個積極的人，他就會認定自己很積極。他們就像記憶只有七秒的魚，無法穩定地感知、認同自我的存在和價值，連帶造成他們對外界的感知和評價也極其善變、忽好忽壞，更讓人際關係變得緊張。

作爲伴侶、父母或員工，這些角色會暫時填補邊緣者內在自我感不穩定所帶來的空虛。可是如果伴侶提出分手、孩子獨立，或是面臨失業，邊緣者賴以生存的角色便遭受威脅，讓他們覺得自己一文不值。這時，他們多半會透過極端的手段來阻止改變，像是以死相逼、情緒勒索、推卸責任等等，帶給其他人極大的困擾。

邊緣者的自我認知不穩定，也會讓他們的生活充滿變數，像是在達成目標前突然放棄、曖昧對象答應交往卻反倒討厭起對方、終於得到理想的升遷機會卻離職等等。

四、情緒不穩定、起伏大

由於極端的思考邏輯、不穩定的自我認知，導致邊緣者的情緒也非常不穩定，並且主要表現在三個方面：對事情的感受過度強烈，遠超過事情本身的嚴重程度；情緒起伏極大、變化速度極快；一旦爆發強烈的情緒，需要較長時間才能恢復正常。

對他們來說，只要一點點變化、只要腦補出分離、只要情緒失控，憤怒的情緒就會一觸即發。邊緣者無法用言語表達這種情緒，必須透過誇張的攻擊來發洩。他們的無法自控，其實也像是一種求救信號；他們的極度憤怒，正是難以適應現實的表現。

有位邊緣者曾經這樣描述：「有一次我和另一半一起回家，我問他晚上想吃什麼，他說：『隨便。』我聽了覺得很生氣，因爲他的態度很敷衍。結果他卻抱怨我敏感、情緒不穩定。這讓我更氣了，跟他吵得更兇了。接下來一、兩個小時，我發狂似地謾罵，甚至用力摔那些鍋碗瓢盆，歇斯底里地表達心中的憤怒。直到我喜歡的那齣電視劇開始播出，看了一下我的心情就好轉了，但另一半還在生氣。我不懂都已經吵完了，他爲什麼還在生氣，也太小氣了吧！」

五、自殘與自殺

由於邊緣者對外界變化過度敏感，情緒極易失控，也比正常人需要更長的時間來平復情緒，所以往往會以自殘來轉移精神上的痛苦，以此懲罰、麻木自己，也希望能藉此緩解壓力、表達憤怒、訴說痛苦。

譬如他們可能會因爲對身材不滿意，將自己捏得青一塊紫一塊、用刀劃得手臂上滿是傷痕，或是一直拔頭髮把頭皮弄傷等，導致身上常常有自虐行爲造成的傷口。

較嚴重的邊緣者甚至會想以自殺逃離痛苦。這種反覆且難以抑制的自虐衝動，會令身邊的人害怕，也是邊緣者之所以求助心理師的原因。

六、衝動行事、成癮行為

微小的變化就會讓邊緣者做出過度強烈的反應。他們的感性完全壓倒理性，大腦神經系統也無法調節情緒，因此常會出現十分衝動、危險、不計後果的行爲，比如魯莽駕駛、鬥毆、自殘、衝動性行爲等。

爲了應對不良情緒，邊緣者會出現補償方案，在日常生活中形成兩種以上的成癮行爲，比如自虐成癮、購物成癮、厭食症或暴食症、賭博成癮、性成癮、酗酒成癮，甚至是藥物濫用成癮等

七、慢性且持續的空虛感

由於內在認知的紊亂、自我價值的匱乏，讓邊緣者時常感到空虛，更難以獨自面對這些感受。

雖然邊緣者依賴外界評價來感知自我，卻又強烈不適應人際關係，任何風吹草動都很可能激怒他們逃離。偏偏他們難以面對獨自一人的空虛感，於是陷入「求和─衝突─分離─求和」的循環。但是邊緣者求和的方式多半都以激烈的威脅爲主，久而久

之，他們對自己、對人際關係都會十分厭倦、難受。

八、持續的疏離感

邊緣者時常處於「自我分離」的狀態，與現實世界離得很遠。有時他們會大腦一片空白，不記得發生了什麼事，在工作中也會完全沉浸在自己的情緒裡。

他們在人際交往的過程中也常常顯得疏離。與邊緣者一起出門，他們會一直處在某種情緒或幻想中，完全沒有聽清楚對方說了什麼。但是如果抱怨他們這一點，或大家沒聽清楚他們說的話，邊緣者卻可能會暴怒。

九、情緒壓抑、多人格共患率極高

由於長期處於過度敏感和驚恐的狀態，邊緣者的思維和情緒較爲壓抑、悲觀、消極，容易與其他人格障礙共存。譬如說，邊緣者也常患有自戀型人格障礙，甚至是多種人格障礙特質共存。

除此之外，他們也常出現進食障礙、過度節食或暴飲暴食。探究背後的原因，多半都是因爲他們情緒不穩定，難以自我控制，意圖透過自我懲罰、發洩情緒來恢復控制。

十、控制欲強

邊緣者的控制欲往往是無意識的，不像自戀者那樣刻意操控他人。

因爲無法適應現實、逃避承擔責任，並且極力避免分離和被拋棄，讓他們會用極端的情緒來對抗、威脅他人，來滿足想被關心照顧的需求。而在這個過程中，邊緣者就會出現控制行爲。比如不允許他人設立邊界、以自殘來威脅對方放棄邊界、大吵大鬧來阻止對方暫時或長期離開，甚至是不斷試探他人：「你在生我的氣嗎？」、「你還愛我嗎？」、「你今天會陪我嗎？」反覆驗證對方對自己的愛。

邊緣者已經因爲內在衝突和痛苦而備受折磨，無暇顧及也意識不到自己的威脅和控制對他人造成多大的影響和傷害。

十一、小題大做、謊話連篇

邊緣者對外界反應過度激烈，往往會誇大事實，讓人覺得小題大做。

由於邊緣者消極的思考方式，和難以控制的情緒，讓他們很容易覺得丟臉或自我厭惡，便用謊言來維護自己的形象。明明是他們歇斯底里，卻歸咎於他人做了不可原諒的事，藉此將自己的無理取鬧合理化；明明是他們衝動闖禍，卻不惜捏造事實、完全否認自己的問題。

邊緣者也會覺得希望別人愛自己的他們很丟臉，或是因爲他人沒有給予自己關愛而感到無助，卻會透過謊言反覆試探。比如謊稱自己得了絕症、出賣他人的祕密，或說自己遭遇不幸，藉此觀察他人的反應。但是永遠沒有人能通過他們的考驗，因爲邊緣者永遠會否定他人的關心、強調他人的疏忽。

十二、溝通障礙

許多與邊緣者爭吵過的人，都會覺得那是一場永遠不會贏的辯論。他們會像小孩子般喊叫和指責、毫無邏輯地耍賴。無論他人怎麼說、怎麼做，邊緣者都會堅定地把錯誤歸咎於他人。

◈ 該拯救，還是先幫助自己？
——與邊緣型人格障礙者相處的合適邊界

請詳細閱讀關於邊緣者的特徵解析，探索、瞭解自己深受他們吸引的原因，重新審視自己的價值觀，才能治癒自身的創傷。千萬不要在自身難保的情況下，還妄想治癒或拯救邊緣者。請瞭解邊緣者的危險性，練習對虐待關係說「不」，勇敢地與消耗自己身心的人格障礙者分離。

五點準備，堅定信念

如果你選擇結束與邊緣者極其消耗身心的關係，去擁抱全新的生活，請做好以下五點心理和現實面的準備：

▪準備一、鎮定應對邊緣者的極端情緒和攻擊行為。

和邊緣者分離並不是一件容易的事，他們可能會採取自虐、自殺等極端的威脅和攻擊，要與你「同歸於盡」，更可能透過你在意的人事物來脅迫，務必保持鎮定。

請瞭解邊緣者在面對（無論現實或他們自行想像的）分離、被拋棄時，情緒都會失控，說出充滿攻擊性的話語、做出毫無理智的行爲。這時請不要認同他們的貶低和辱罵，給予他們充分的時間去反應。他們的情緒達到頂點時，可以離開現場來轉移注意力，也避免他們做出過度激烈的行爲。

▪準備二、做好安全防護和應急準備。

在準備離開邊緣者前，請告知他們的家人及朋友。如此一來，如果邊緣者以自殘和自殺的方式威脅時，家人或朋友可以及時制止或照看，也能避免自己心軟留下來。

一旦邊緣者確實自殺或自殘，請及時報警、叫救護車。

▪準備三、堅持離開。

如果透過激烈的方式也無法阻止你離開，邊緣者可能會開始認錯、求和。此時千萬別心軟，也不要給予過多回應。請意識到邊緣者與他人相處的方式充滿強迫和攻擊欲，暫時的求和並不會改變他們既有的人格。要是心軟和妥協，只會繼續消耗彼此。如果你們分開後，邊緣者四處抹黑你，若非必要請別主動聯繫，以免再次與他們糾纏。

▪準備四、尋求支援。

與你信任的朋友和家人聯繫，傾訴、分享自己與邊緣者相處的實情和眞實感受。正常且健康的關係，能幫助你獲得內在能量，應對分離期邊緣者出現的猛烈攻擊和詆毀，也能舒緩分離焦慮。

如果能夠與相關團體接觸，因爲大家都曾經與邊緣者相處過，交流分享經驗也能幫助你保持清醒，更獲得團體的支持。

要是經濟條件允許，請接受心理諮商。瞭解邊緣者的心理師能提供較爲專業且實際的幫助，合理地建議現實和行動步驟，也能在你遭受心理創傷和憂鬱時舒緩情緒。

■準備五、充實生活，重建自尊和自我。

在與邊緣者分離的過程中，你也很可能經歷分離焦慮，以及「長期受虐卻沒能在關係中獲得什麼」的不甘心，更可能陷在複雜而消極的情緒裡，甚至罹患憂鬱症。這個時候，你需要騰出時間去做一些感興趣的事，重新回歸屬於自己的生活。

四點措施，以自己優先

如果你明白了邊緣者的眞相，還是無法離開這段消耗身心的關係；或者因爲邊緣者是家人，你只能選擇繼續與他們相處，請參考以下四點措施：

■措施一、想要幫助邊緣者，就必須先幫助自己。

如果不瞭解人格的多樣性，常常會天眞地覺得「只要努力，就一定能改善關係」，而無視人格障礙的特殊情況；如果僅將幫助的方式局限於「忽略自身需求，盡力給予對方需要的」，不但無法促進彼此的關係，也不能改善邊緣者的危險性。長期下來，自己可能更要付出憂鬱、孤立、無助、低自尊、睡眠障礙，甚至是出現身體疾病的慘痛代價。

若想與邊緣者長久相處，就不要指望邊緣者會改變，而是把自己的需求擺在第一位。不要總是和邊緣者待在一起，爲彼此設定邊界、不能接受的事絕不妥協、充實個人生活和舒適的人際關係等。最重要的是——不要認同邊緣者毫無根據的攻擊。而且要堅定立場，姿態溫和但堅決地拒絕承擔邊緣者闖禍造成的後果，讓他們承擔自己的責任；若邊緣者有購物成癮或酒癮等行爲，也不給予相應的經濟支援與物質協助。

▪措施二、理性地梳理和控制自己的情緒。

你是人，不是神，不需要也不可能把事事做到完美。與邊緣者相處，不需要一味壓抑和忍耐自己的負面情緒，而是要學會理性地梳理自己的情緒（相關內容將於本書最後一章詳細解說）。

學習應對愧疚感，理解世無完人，只要盡力就好，不要認同邊緣者激烈的情緒反應和指責；學習提升自尊，不要卑微地迎合邊緣者；學習姿態溫和但堅決地拒絕他們的要求。請瞭解邊緣者的內在自我極其紊亂，如果事事以他們爲主，將會面臨無盡的關係衝突和災難。

▪措施三、不斷練習和嘗試與邊緣者溝通。

邊緣者更能意會可視化的交流（也就是肢體語言和表情），反而難以傾聽與理解需要理性思考的話語。所以與他們溝通的有效方式之一，就是透過不帶任何攻擊和敵對意味的肢體語言和表情。不能雙手叉腰、雙手抱胸、用手指對方、表露挑釁手勢、出現嫌惡表情等等。

要是發生衝突，無法克制自己不做出反感的肢體語言和表情，就告訴他們待會兒再說，先藉故離開現場一陣子。邊緣者要平復情緒通常需要好幾個小時，請等他們狀態好轉再行溝通，過程中盡量讓你的肢體語言和表情充滿善意。這樣多次嘗試，直到將溝通從負向指責轉向正向反饋。

請瞭解邊緣者缺乏理性溝通的能力，在他們情緒失控時，只需要耐心傾聽、表達肯定（「我能理解你爲什麼這麼生氣」、「這確實會讓人憤怒」等），並且不要打斷他們、不要爭辯、不要試圖講道理，也不要過度迎合邊緣者以滿足他們的需求。

■ **措施四、設立與保持邊界。**

在健康的人際關係中，「滿足自己」與「討人喜歡」之間需要有一個健康的界限，維持這個界限相當重要，不僅能夠保護自我，也能處於相互尊重和安全的環境，更能促進關係變得越來越好。

如果想與邊緣者繼續相處，就不可以把自我、關係和生活的控制權交出去，必須由你來引導和界定彼此的邊界。如此一來，才有機會讓邊緣者破解「受害者」邏輯，爲自己的情緒和行爲負責，你也不再是他們心中的「加害者」。

設定邊界時，邊緣者通常會覺得被侵犯，所以請務必做好遭受猛烈攻擊的心理準備，若是多做解釋、爭辯，就會在不知不覺間模糊了邊界。直到他們接受你設下的邊界爲止，不給予回應就是克制他們行爲的最好方式。然而，他們若是偶爾遵守邊界、理解和尊重你的行爲，也要及時給予肯定和讚賞，認可他們的行爲。

這也是我與邊緣者的相處方式。他們常常無法遵守流程，突然來電就開始發洩情緒。這時我會明確告知對方：「目前有事，需要預約後再聯繫。」「時間已經過了。」並且不厭其煩地重複說明。無論邊緣者面對拒絕時如何指責、如何哀求，我都堅持這個邊界。慢慢地，有一部分的邊緣者會尊重我的邊界，耐心走預約流程；有一部分的邊緣者暴怒之後，就不再與我聯繫，我也予以尊重。

以上建議都不容易執行，你需要有強大的內心、非常樂觀充實的自我、強大的執行力，以及一定的心理學專業知識才能做到。如果不是家人患有邊緣型人格障礙，真心建議在相處初期就辨別出對方的人格障礙傾向，盡早保持距離才是明智之舉。

CHAPTER 09

〖我愛你，我也不愛你！〗

思覺失調型人格障礙者

SCHIZOTYPAL PERSONALITY DISORDER

你不可以太親近我，也不可以疏遠我；
你不可以太優秀，也不能太差勁；
我不喜歡你，但也不討厭你。

你體驗過這種矛盾的對待嗎？無論你做什麼似乎都是錯的，無論你做什麼都會被攻擊。當你忍無可忍，想結束這段關係，對方又發出死亡威脅：「你若離開我，我就殺掉你或自殺。」甚至辱罵、跟蹤、監控你，將你束縛在這段危險的關係中。

那麼，你可能遇到了思覺失調型人格障礙者（後簡稱「分裂者」）。

我不懂你，真的不懂
——與思覺失調型人格障礙者相處時的感受

比起其他類型的人格障礙者，因爲分裂者通常形單影隻、不愛社交，所以在關係中傷害他人的情況也相對比較少。

但是在與分裂者的相處中，還是會出現以下三種感受：

一、自卑、孤獨

與分裂著相處時，最直接的體驗就是不斷被攻擊和疏遠。如果不瞭解他們的行爲邏輯，很可能誤以爲自己做錯什麼，或是覺得自己不配被愛，而因此感到自卑、難過、無奈或憂鬱。

他們無法溝通、難以同理他人，也總是表現得冷漠、疏離。當你遭遇病痛時，他們不會照顧你；當你覺得生活壓力很大，他們不會安慰你；當你需要擁抱，他們只會推開你。與他們相處越久，越會清楚感受到一種自取其辱般的孤單。

二、難以建立真實連結

分裂者在現實生活中鮮少與你互動，卻可能偷偷瀏覽你在社群平台的發文，再發一些反駁你的內容；或是發布很多與你相關的貼文，彷彿你在他心中很有影響力，藉此間接與你「交流」。

分裂者的依戀模式大都屬於迴避依戀，覺得自己不需要依戀他人，卻可能沉溺於自己天馬行空的幻想。難以與分裂者建立眞實的連結，因此很容易覺得困惑和孤獨。

三、莫名其妙

幾乎無法與分裂者溝通交流、相互理解。一來是他們的言語總是令人混亂（甚至可能連他們自己也搞不清楚）；二來是他們的行爲動機讓人感到莫名其妙。分裂者可能會因爲自己的臆想，毫無根據地認定被背叛、被詆毀。無論怎麼解釋都無法取信於他們，讓人感到非常委屈和憤怒。

如果長期與分裂者相處，就會發現他們經常與空氣說話、預測明天會出車禍、認定沒人的位置上有坐人等等。這些聽起來就像靈異事件，但他們堅信這些都是眞實的，常常引起旁人的恐慌。分裂者也常常幻想自己罹患絕症而焦慮不已，還將這種負面情緒傳染出去。

總而言之，無論分裂者是普通朋友、戀人、婚姻中的另一半，還是親人，與他們相處都無法獲得良好的體驗。他們的神經質會讓人覺得莫名其妙、他們的疏遠和猜疑會讓人委屈和憤怒。能夠長期與分裂者相處的人，自身通常也有需要解決的問題。

獨來獨往，獵奇的神祕人物

——思覺失調型人格障礙者的吸引力

分裂者很冷淡、安靜，不喜歡社交，總是獨來獨往，因此看起來超凡脫俗，帶給人一種神祕感，容易對他們產生好奇及好感。症狀不太嚴重的分裂者可能會主動尋求他人的情感，只是表現得有些退縮，容易被誤認爲是內向、害羞、單純。其中不乏天賦異稟、才華洋溢，能獲得傑出成就，令人尊敬和欣賞的分裂者，容易讓人忽略他們人格中潛在的危險性。其孤獨、鮮少與人來往的行爲習慣，一定程度上來說也算是正面的——代表他們不受傳統束縛，不必瞻前顧後，膽識出眾。

因爲他們的想法和觀點總是十分奇特、神經質，令人印象深刻，讓分裂者在生活中帶有一種極具個性的魅力。他們可能會對主流觀念或宗教抱持懷疑態度，極盡挖苦和諷刺，以獵奇的角度來批判傳統及各式各樣的規範。他們可能會成爲非常有個性的藝術家、文學家或玄學家，吸引不少粉絲追隨。

活在自我世界，害怕世界的孤狼

——思覺失調型人格障礙者的特徵

小青曾遇過思覺失調型的伴侶——小努。

小努是頗有名氣的藝術家，建立了自己的公司。但是他的脾氣、行為和打扮都十分怪異，性格也很孤僻，不愛與人社交。他玩世不恭、獨來獨往，從不關心公司的業務，也常常聯繫不上。雖然同事都不喜歡他，人際關係也不好，但是他完全不在乎，依然我行我素。

身為小努的「經紀人」，小青給予小努最大的寬容、照顧和支持，也耐心為他的人際關係善後。合作多年，小努常有佳作，小青也將公司經營得不錯。久而久之，工作配合度高、相互欣賞的兩人便默默建立起戀愛關係。

然而每當小青想要靠近小努，他就會表現得很排斥，出現暴躁、攻擊和辱罵行為。小青不知道為什麼會這樣，不斷忍耐並安慰自己這或許就是「藝術家個性」。隨著交往越來越深入，小努的情緒越來越常失控，讓小青疲憊不堪，擔心繼續下去會影響工作，於是無奈地提出分手。這段關係甚至維持不到一個月。

沒過多久，小努極度防備、質疑、憎恨小青，更總是有意無意地在生活和工作中為難她。小努猛烈指責小青一定是因為劈腿才選擇分手。無論小青如何證明自己，小努都堅信自己被小青背叛，還經常發文攻擊辱罵小青不檢點。小青心力交瘁，卻因為合約的關係無法擺脫，只能默默忍受。漸漸地，小青罹患了憂鬱症，而出於無盡的痛苦與困惑。

小青發現她遇到的小努是思覺失調型人格障礙者。他之所以總是用破壞和攻擊的方式來引起小青的注意，正是因爲他在乎小青，這是他們表達愛意的扭曲方式。

小努之所以這樣矛盾，是因爲年幼時就被母親拋下。從小缺乏母愛的他，極度恐懼、怨恨被拋棄。加上他天生瘦弱，小時候飽受欺負，只有生氣才能讓欺負他的人稍微收斂、讓常常忽視他的父親多關心他一點。

成年後，小努的創作也是因爲強烈呈現憤怒而自成一派，獲得大眾的共鳴與認可。因此，他已經習慣透過憤怒和攻擊來吸引注意力、表達他的在乎。但是這種破壞性的情緒和行爲，卻讓他在乎的人痛苦不堪，只想逃離。偏偏小努又會因爲他人的逃離產生要命的孤獨感、被拋棄感，進而更加憤怒、攻擊性更強。就這樣惡性循環，導致他的人際關係越來越糟。小青也因此深刻體驗到與分裂者建立親密關係帶來的情感衝擊和傷害。

分裂者有以下十一個常見特徵。如果身邊的人符合超過三點以上，那麼他們就很有可能是分裂者，是難以相處且具備一定危險性的人。

一、覺得所有事情都相互關聯

這是一種由病態自戀引發的妄想，會將外界與自己無關的偶發事件和隨機事件，誤以爲對自己具有非比尋常的意義。

分裂者常常會凡事牽連。譬如他們常常幻想自己有龐大的影響力，外界的風吹草動都與自己有關；要是下雨了，他們就覺得是老天故意在考驗自己；要是不小心摔了一跤，他們就覺得是不明的能量在攻擊自己；認爲經過某條路三次，就會發生意外；

要是發生某件新聞，他們就覺得這是針對自己發布的等等。

二、充滿奇異的信念和想法

分裂者的大腦內充滿了天馬行空的奇異幻想，思考方式與習慣常常脫離常軌。他們會偏愛一些小眾、離奇的信仰，或是創立成員只有自己一人的宗教。

分裂者也堅信自己有千里眼、順風耳、心電感應、魔法或通靈等特異功能，或是覺得自己能預言大事發生、可以與動物或電器對話、會讀心術等等。這些奇特念頭往往沒有現實依據，而是自以爲異於常人的妄想。

分裂者更傾向於虛無主義，會表達出自己的無神論。這是因爲他們潛意識裡覺得自己就是神，不需要信仰「其他的神」，也常以否定和摧毀他人信仰爲樂。

三、知覺障礙

分裂者常會出現不尋常的知覺障礙，讓他們看起來神經兮兮，陷入脫離現實的恐慌。

各式各樣的幻覺是分裂者最常見的知覺障礙表現，一般有四個特點：幻覺中的人事物形象生動、存在於客觀空間、不屬於自己、無法隨著自己的主觀意願改變。並可按照不同感官分爲幻聽、幻視、幻嗅、幻味、幻觸和內臟幻覺。

其中，分裂者最常見的幻覺就是持續聽見爭吵、評論或命令的語言性幻聽。這讓他們相當苦惱、憤怒、不安，甚至受幻聽影響而出現興奮、激動、自傷等行爲。譬如他們幻聽到同情或讚賞，就自顧自地表現出洋洋自得的樣子；或是幻聽到路人竊竊私語的壞話，就勃然大怒地發動攻擊；甚至是聽到命令且難以抗拒，就做出危害社會的行爲。

分裂者也會出現容易導致誤解和驚恐的幻視，譬如看見有人在自己的房間裡、有人跟蹤自己等等。有時畫面鮮明生動，有時則比較模糊。他們也會看見簡單的光、單一的顏色、單個物體、複雜的情景、認識或不認識的人物等。

幻嗅則是他們會聞到令人不愉快的難聞氣味，如腐爛的食物、屍體、燒焦的物品、糞便或化學藥品的氣味等；幻味則是他們嘗到食物有某種異常特殊的刺激性味道，因而拒食。分裂者往往會將幻嗅、幻味與其他幻覺和妄想結合，堅信這些都是壞人故意製造出來的。

分裂者還會覺得自己身體或臟器出現異常，準確指出有問題的內臟，像是肝臟破裂、腸扭轉之類的。這樣的幻覺常與疑病症和被害妄想症同時出現。

四、邏輯混亂

因爲常常無法理解分裂者想表達什麼，因此溝通的過程會變得相當痛苦。

分裂者的描述和回應可能會非常具體，也可能極度抽象。他們會透過特殊的方式運用詞語和概念，但表達出來的內容含糊不清，或充滿只有他們自己能理解的隱喻，更常常缺乏目的性、連貫性和邏輯性。

與人交談時，他們經常繞圈子，說了半天沒有重點，卻又句句沾點邊，令人困惑和無奈。有一部分的分裂者說話時支離破碎，語句之間毫無關聯，還會創造一些詞語並賦予特別的含義。因此，分裂者常常帶給人一種聽不懂人話、神經質、意識不清的感覺。

分裂者通常在青春期就會出現思維混亂的症狀，主要表現是思考、情感、語言和行爲的混亂與障礙。他們的情感體驗相當膚淺、幼稚，給人傻里傻氣的感覺。他們會扮鬼臉、惡作劇、對異性過度迷戀還存有幻想，並進入言語內容不連貫、行爲無法預測、做事沒有目的等狀態。

許多分裂者們每次都會說些不著邊際的話，從當天做了什麼事，到突然發表對某些新聞的看法；從觀察身邊人的服裝，到突然說起晚上吃了些什麼。

與分裂者交流的過程中，多半都處在答非所問、不知所云的狀態。當我問他們問題，多半都不直接回答，或是說不清楚；有時候他們突然長時間不說話，當我詢問是否斷線，過了很久他們回覆時說的卻是：「走在人行道的時候不能說話。」

五、猜疑、偏執、妄想

妄想是一種扭曲的信念，不符合客觀現實。當然，健康的人有時也會產生妄想或錯誤想法，卻是能夠接受現實並加以修正的。但分裂者對此深信不疑，無法糾正和說服。而他們的偏執，一開始表現出來的行爲是過分警戒、敏感多疑、幻想別人在討論自己、覺得別人看自己的眼神別有意義，進而開始出現妄想。

分裂者的妄想可分爲關係妄想、被害妄想、疑病妄想、嫉妒妄想和物理影響妄想。他們堅信凡事都與自己有關，路人聊天是在討論自己、別人吐痰是針對自己，甚至路上汽車的喇叭聲都是衝著自己來的；也會毫無根據地覺得別人透過跟蹤、誹謗、下毒的方式迫害自己及家人；總覺得自己患了某種嚴重的身體疾病，到處求醫；甚至堅信另一半與其他異性有不正當的關係，並透過跟蹤、監視，或是檢查衣物、電話紀錄、手機簡訊等來搜索他們幻想出來的出軌證據；他們還覺得自己被外界特殊的能量控制，如無線電、光波、放射線或靈魂等，也常常覺得身體不屬於自己。

除此之外，分裂者也會出現誇大妄想，覺得自己有非凡的才能、至高無上的權力、大量的財富等，認爲自己就是神；或是顯露鍾情妄想，認爲某位或多位異性都愛著自己，持續糾纏不休，一旦遭到對方拒絕就以爲對方是在考驗他們或欲擒故縱。

其他類型的人格障礙者也會出現敏感多疑、偏執和妄想的情況，但思覺失調型人格障礙者的妄想往往種類更多，也更爲嚴重。偏執者也會出現被害妄想，但是分裂者傾向於更加疏遠對方，也更容易出現幻聽，卻不像偏執者般會伺機報復。雖然自戀者也會出現猜疑和社交退縮，但他們是害怕別人發現自己的不完美，分裂者則是覺得他人的存在對自己而言是種威脅。

六、不恰當或受限制的情感

分裂者通常缺乏基本的同理，一開始會有類似神經衰弱的症狀，像是精神委靡、注意力渙散、頭昏、失眠等，然後慢慢就會變得孤僻、懶散、對什麼都沒興趣、冷漠、行爲古怪，無法適應社會需要。

缺乏性欲是分裂者的另一個明顯特徵之一，可算是不近男/女色的典範。雖然有些分裂者的內心世界很豐富，也會想入非非，但缺乏相應的情感，不會因此想與他人有所連結。

分裂者以自我爲中心，對他人態度冷淡，不愛主動與他人打招呼，也不願介入他人的事。這樣的行爲連帶地弱化了社會活動力，並且缺乏進取心，所以往往會迴避社交和現實，沉溺於幻想之中。他們常以無情、冷漠來應付，以「眼不見爲淨」來逃避，但是內心依舊相當恐懼、焦慮和痛苦。導致他們缺乏信心，往往話到嘴邊就猶豫起來，吞吞吐吐。不僅做事怕被人看見、怕被人恥笑，也由於總是遠離人群而被孤立，久而久之，人際關係越來越緊張、難堪。

嚴重的分裂者在青壯年時期會出現緊張性「木僵」狀態，也就是在緊張或焦慮時不吃、不動、不說話，如同木雕。雖然意識清醒，但他人任意擺弄肢體卻不會反抗。這類嚴重分裂者，有時會突然出現難以遏制的興奮和躁動，做出傷人毀物的行爲，但沒多久又進入木僵狀態。

學習成績落後、工作表現不好、群體地位低下的人常常會成爲分裂者，嚴重時甚至會罹患思覺失調症。不過思覺失調型人格障礙並不算是精神病，他們沒有出現病理性的幻覺、妄想、冷淡、思考與行爲紊亂等特殊症狀。

七、古怪的外表

分裂者可能在兒童或青少年時期就表現得很孤僻，因此人際關係不佳、有社交恐懼、學習能力很差、高度敏感，還有獨特的思考和語言風格，以及古怪的幻想等。他們的外表也會因此和一般人很不一樣，比如服飾搭配奇特、衣冠不整、不衛生等。

八、缺少密友或知己

分裂者只認可自己的道德規範，不需要也不喜歡與他人來往，拙於交際也缺乏表達人類細膩情感的能力。他們知道自己的人際關係有問題，也因此而不開心。但是因為與他人互動讓他們很不舒服，所以也沒有什麼興趣進行社交、維持情感關係。即便是面對家人，也表現得很冷淡，缺少關懷體貼的能力。這也是為什麼大多數分裂者偏愛單身，即便結婚也多以離婚告終。

一旦分裂者的症狀加劇，會漸漸消失對外界的興趣。他們退縮到自己幻想出來的天地，深陷孤立無援的恐懼之中。對他們來說，現實世界彷彿不存在，以至於最後完全與現實脫節。

九、社交恐懼，越親密越想逃

分裂者在社交場合會表現得很焦慮，有陌生人在場時更是如此。這種社交焦慮不會輕易減弱，反而會隨著時間流逝越來越嚴重。

因為覺得自己與眾不同，因此非到萬不得已，分裂者不會與他人互動。他們費盡心力獨自生活，盡可能自給自足，不依賴也不需要任何人，更不願意爲任何人負責。然而現實中卻無法做到眞正的完全隔離，所以一旦覺得有人跨越邊界，就會憤怒地攻擊或斷聯，無所不用其極地採取保護措施，好讓他們能夠遠離人群。

由於害怕與他人聯繫，缺乏基本的情感能力和人際交往的經驗，導致他們無法理解他人的世界、無法正確地推理出別人做事的動機。他們只靠妄想、幻想、猜想來臆測他人，但往往與現實不符，也因此讓他們極其缺乏安全感，並陷入無盡的猜疑，無法分辨自己的妄想與現實的區別。這種心理狀態長期折磨著分裂者，讓他們心力交瘁，更加迴避社交。

平時，分裂者給人一種冷若冰霜、若即若離、遙不可及的感覺，即便勉強溝通，也難以理解他們想表達什麼。他們害怕參加學校活動、擔心與異性交往、憂心伴侶關係，別人越靠近，他們就逃得越遠，並對靠近他們的人充滿敵意和厭惡，如此才能緩解自己對親密關係的恐懼。

對分裂者來說，維護情感關係實在太難，責任只是危險的束縛。所以他們只願採取簡單的應對策略，比如冷暴力、發展純粹性關係。也正因爲分裂者極力避免與另一半產生感情，讓出軌如同換衣服一般輕鬆。畢竟對他們而言，伴侶除了滿足欲望，毫無價值，所以有親密或性愛需求的分裂者可能會選擇自己完全不喜歡的人，既不挑起無法掌控的情感，也不會覺得被影響、被套住。

雖然迴避者也有嚴重的社交恐懼，但他們往往出於自卑而恐懼社交，心裡還是渴望與他人建立連結；分裂者則是極度防備外界和他人而恐懼社交，沒有與他人建立連結的欲望。偏執者也不喜歡社交，會惡意解讀外界和他人，但他們傾向採取報復行為來回應，分裂者則是透過疏遠和不搭理來應對。

十、侵略性較強、缺乏同理

恐懼會導致厭惡，厭惡會引發憤怒，進而延伸出侵略行為。就像無法管理自己情緒的孩子，面對恐懼時的第一反應是憤怒、無助地大吼大叫、亂打一通，這種行為就極具侵略性。

分裂者的侵略性便是源自於他們的恐懼。對於很少與他人接觸、覺得處處是威脅的分裂者來說，會透過掠奪或攻擊的方式來滿足他們本能的生理需求，而且不會意識到自己的做法可能傷害到別人。

爲了避免尷尬，分裂者隨時準備撤退，以無比防禦和敵對的狀態與他人交往，以確保自己是「安全的」。雖然他們覺得別無選擇，但是把害羞轉化爲敵對，摧毀親密關係之後，卻仍會感到痛苦。極端的分裂者甚至會因過度猜忌他人而蓄意謀殺，犯下強姦、殺人的罪行。

總而言之，分裂者難以培養愛人的能力。只要他們的自由和獨立被這段關係影響，他們就會非常排斥、厭惡；如果遇到願意理解他們，無論如何遭受虐待都不走的人，就可能會任其留在自己身邊，但不會表露出好感。

雖然邊緣者也有很強的侵略攻擊性，但他們的衝動、暴怒反應更持久，背後也有與他人建立連結的強烈需求；分裂者通常是想要擺脫他人，不會表現出一觸即發的衝動或操縱行爲。

十一、高共病率

分裂者有極高的機率同步具有其他類型的人格障礙，像是偏執型、迴避型、自戀型、戲劇型、邊緣型、反社會型人格障礙等。如此一來，讓分裂者的危險程度不亞於反社會者。

分裂者也很容易罹患與焦慮或憂鬱相關的心理疾病，甚至發展成思覺失調症。除此之外，分裂者的自殺率也相當高，因爲認知的混亂會讓分裂者自身和身邊的人都陷入危險，幻聽、妄想、共病與憂鬱，也會讓分裂者急於逃避痛苦，進而選擇輕生。

以上是分裂者常見的特徵。他們極具危險性，請在識別其人格本質後與其保持安全的距離。

值得注意的是，「思覺失調型人格障礙」和「思覺失調」並不一樣。雖然兩者症狀有些相似，但前者是心理學用語，後者則是醫學概念。

思覺失調症是種慢性精神疾病，在各種不同原因（生物學、心理學或社會環境因素）的影響下，精神活動發生分裂，思考、情感、意志和行爲相互之間不協調，對現實產生扭曲的理解和認識。行爲荒誕、怪異，出現一段時間的幻聽、妄想、失控、情感障礙，以及情緒高漲或低落的反應。

而思覺失調型人格障礙往往從青少年時期就開始顯露出相關特徵和症狀，並一路穩定維持到成年之後。分裂者的靈魂和肉身如同分離一般，對自我的認知或感知極度扭曲，也對他人的存在充滿恐懼。

該離開，還是放棄解釋？

——與思覺失調型人格障礙者的合適邊界

如果能在認識初期就辨識出分裂者，請盡早保持安全距離。他們多半不喜歡社交、偏愛獨處。不糾纏、不干擾就是對他們的一種尊重。

三點準備，平靜分開

如果你已經陷入與分裂者的危險關係，卻想要離開，就需要做足以下三點準備：

▪準備一、溝通時不要攻擊或刺激分裂者，減少負面評價。

分裂者的思考缺乏邏輯，情緒反應也比較原始，內在更對他人充滿敵意。面對負面評價時，他們的情緒反應通常較爲激烈，進而出現危險行爲。如果你已經決定離開，盡量不要威脅分裂者，以免觸發他們的敵意和激烈反應。溝通過程中也能錄音，如果他們說出死亡威脅後出現危險行爲，可以留作證據。

▪ **準備二、分離後在工作地點或住處附近安裝監視器，外出務必注意安全**。

由於分裂者會出現幻覺，往往難以預測和理解他們的行爲。在住處附近安裝監視器，可以確保生活環境的安全。必要時請報警求助。

▪ **準備三、不心軟、不解釋、不回應**。

分開後，分裂者可能會在社群平台上發布憤怒、痛苦的內容，甚至可能會毀謗你。這時不要心軟，也不要解釋和回應。請瞭解分裂者的認知和思考邏輯常常處於混亂狀態，無法和他們達成共識。分裂者這麼做只是爲了發洩情緒，不回應可以避免再次陷入糾纏，也避免觸發分裂者過度激烈的反應。要是分開後，分裂者沒出現什麼反應，這倒是好事，請別爲了證明自己的重要性而反覆糾纏、質問，過度聯繫容易激怒分裂者，憤怒狀態下的他們會行爲失控，導致你陷入危險。

五點認知，過好生活

如果暫時難以離開分裂者，那麼你需要學習以下五點認知：

▪認知一、放棄自己的情感需求。

接受「分裂者無法愛人」的現實，不再希望分裂者能夠理解自己、親近自己、關愛自己；允許分裂者持續的攻擊和疏離，但不將其原因歸咎於你不配被愛、你沒有價值；不爲了與分裂者親近而委曲求全，不在分裂者迴避時加以打擾。

▪認知二、放棄與分裂者溝通和傾訴的需求。

接受「分裂者思考邏輯混亂」的現實，不期待你們能夠透過溝通或傾訴達到互相理解的狀態；傾聽分裂者天馬行空的幻想和混亂的言語，並且不急於釐清以符合自己的邏輯；接受「分裂者無法同理」的現實，如果希望找人傾訴，請找好友或求助於心理諮商。

■ **認知三、保證自己與分裂者的安全**。

接受「分裂者常發生妄想和幻聽」的現實，並瞭解無法預測他們的行爲、難以改善他們的狀況。在你們相處的環境裡安裝監視器，時時記錄；必要時學習一些防身技巧，當分裂者情緒激動甚至做出傷害自己的行爲時即刻制止，並且帶他們遠離廚房這種有危險器具的環境。

■ **認知四、放棄解釋、證明自己**。

分裂者的偏執和猜疑是非常頑固的，他們對自己的想法深信不疑，所以不需費心解釋。有時候他們的偏執也會受到妄想和幻聽的影響，一旦他們開始藉此強烈指責你，就要做好安全防備，以免分裂者做出激烈舉動。如果他們因此疏遠，請不要追問和糾纏，過好自己的生活並注意安全。

▪ 認知五、如果分裂者併發憂鬱症或躁鬱症，請及時治療。

分裂者容易併發其他人格障礙，請及時帶他們接受治療。你也務必要尋求心理諮商的協助，不被分裂者影響。

CHAPTER 10

〖我沒興趣！〗

孤僻型人格障礙者

SCHIZOID PERSONALITY DISORDER

人情世故無法撥動他們的心弦。

他們不明白也不關心自己與他人的喜怒哀樂、愛恨情仇。他們特立獨行，清心寡欲，一心只想沉浸在自己的小世界，做著無人能懂的重複行為，沉浸在不願分享的夢境中，不想醒來。

他們就是孤僻型人格障礙者（後簡稱「孤僻者」）。

我在你眼中是不是透明人？

——與孤僻型人格障礙者相處時的感受

小欣覺得自己有個「喪偶式」伴侶，並為此鬱悶不已。

小欣和老公阿成是相親認識的。兩家父母交情不錯，便撮合他們在一起。當時小欣覺得阿成長相清秀、安靜穩重，又是家族企業的會計，工作穩定，是適合結婚的對象。阿成對小欣也沒有特殊要求或意見，所以兩人很快就步入了婚姻。

婚後小欣才驚訝地發現，阿成不愛說話，也不愛社交，每天下班回家就在自己房間研究數學公式、看書，從不理會小欣。即便小欣的父母或朋友來訪，也不太會出來招呼。甚至是阿成的父母來探望，他也表現得十分冷漠。阿成每天上下班來去匆匆，彷彿小欣不存在一樣。更讓小欣無法接受的是，他們結婚三個月以來卻連手都沒牽過。

小欣猜想可能是因為他們之間沒有感情，阿成才會如此排斥自己。於是她嘗試與阿成溝通，想知道他是不是很排斥結婚，卻只得到一句簡短的回應：「沒感覺」、「不喜歡跟別人親近」。

阿成就像個生活白痴，無法自理也不做家事，更不懂得說些體貼、關心的話。小欣在家裡覺得自己就像個免費的保母，每當她想推進關係，都會被阿成冷淡地拒絕。這段婚姻讓小欣感到孤獨、壓抑和自我懷疑，不知道阿成為什麼要這樣對她。這段婚姻維持不到半年，小欣就申請離婚，阿成的表現依舊很冷淡。

離婚後，小欣還是很困惑、很鬱悶，於是做了諮詢。原來問題不在她，也無關她是否值得被愛，而是因爲阿成很可能是個孤僻型人格障礙者。

想與孤僻者溝通是十分困難的，他們不是沉默不語，就是詞不達意，讓人不知所云。不僅心理治療很難介入，他們也不會向外尋求治療。

孤僻者缺乏最基本的情欲，也不能意識到人情世故。與他們相處時既無法產生連結，也不會有情感交流。雖然他們是你的親人或伴侶，卻也感覺不到彼此之間有任何關係，只會感受到被排擠、被無視，以及孤獨感。這種與正常人完全不同的情感模式會讓人困惑、陌生、自我懷疑。

或許會因爲他們的冷漠而憤怒，也可能因爲看到父母生病重傷卻無動於衷、對漏電、火災這些危險隱患視而不見，所以抨擊他們冷血無情。但是他們並沒有實際做出什麼傷害別人的事，只是無法喚醒他們的一絲關心和注意。

看起來很聰明，卻需要照顧的社交邊緣人

——為何會被孤僻型人格障礙者吸引？

孤僻者雖然缺乏情商，智商卻是正常的，甚至在某些方面表現得很好，部分科學家、發明家、電腦奇才及音樂家都可能是孤僻者。

文學作品中的典型代表是福爾摩斯。他具有很多孤僻型人格障礙的特質，比如：不期望與他人交往，都是爲了破案才迫不得已與他人接觸；他與助理兼密友華生以及自己的親哥哥都保持距離；沒有案件時，他如同獨行俠，埋頭研究數理及與案件相關的邏輯推理內容，基本上不與他人聯繫，更不會有人情往來，只有案件能夠讓他稍微提起興趣，傾盡全力等等。

福爾摩斯是文學作品中的人物，有不少崇拜他聰明才智的粉絲。生活中的孤僻者也一樣，會因爲擁有某個領域的驚人知識、成就突出而吸引到「智性戀者」（sapiosexual，以高智力作爲擇偶首要條件的人）。

只注重外貌、不顧內在人格的人，不夠認識孤僻者的話，也可能會被他們吸引。或是因爲他們獨來獨往、不苟言笑、冷淡，誤以爲是情感獨立、神祕、情緒穩定，而

因此沉迷。甚至是母愛爆棚、照顧欲強的人也可能因爲覺得離群索居的孤僻者需要關懷、覺得生活無法自理的他們需要照顧，而進入追與逃的戀愛模式。

總而言之，孤僻者鮮少社交，對大部分的人事物都缺乏興趣，在生活中與他人不會有過多交集，遇到的機率不會太大。

萬事萬物都沒興趣，看淡一切的隱士

——孤僻型人格障礙者的特徵？

無所謂自己是誰、不在意生命有什麼意義，也沒有七情六欲。對孤僻者來說，活著就只是活著，沒有什麼樂趣可言，外界怎麼想、怎麼看，他們完全不在乎。孤僻者像是遊走在人間的行屍走肉，或是來地球作客的外星人，他們拒絕和這個世界建立聯繫、拒絕遭受這個世界的侵擾。

要辨識這樣的他們，可以從以下七點特徵開始：

一、對親密關係毫無興趣

孤僻者並不會因爲與他人建立連結、融入團體之中而感到滿足，即便是最親的家人，他們也常常疏遠、冷漠以待。

對他們來說，人際關係是荒謬的，除了會產生很多不必要的麻煩、影響他們捍衛眞實的自我、打擾他們自由的生活狀態之外，並無任何益處。因此他們盡力避免與他人接觸。只是，在他們與世無爭的外表下，內心卻很壓抑、焦慮、痛苦，且由於自己難以察覺和表達，而無法舒緩。

這也是爲什麼孤僻型人格障礙又稱爲自閉型人格障礙，不僅與他人隔離、與社會隔絕、情感冷淡，更不關心他人。他們在孩童時期缺少同伴，多半會出現類似自閉症的表現：怕見人、排斥社交，交友、結婚、戀愛也容易失敗。

二、孤僻

由於對社交毫無興趣，孤僻者常常會表現得像是獨行俠。他們會選擇不需要與他人互動、可以獨自進行的活動，也只能適應人際交往較少的工作和職業。

在人們眼裡，孤僻者言行孤僻、怪異，是很難適應社會的「怪人」，因此常被人看不起或嘲弄，也讓他們變得多疑、偏執，甚至產生被害妄想。但是他們多半無視他人的反饋，也很少出現激烈的情緒波動。

孤僻型人格障礙往往會與思覺失調型、偏執型、迴避型人格障礙共存。他們在日常生活中處於自我孤立的狀態，幾乎不會表現出憂鬱和焦慮，也不會因爲人格障礙主動尋求心理治療。

雖然分裂者也很孤僻、沒興趣與他人相處，卻因妄想和幻覺而備受困擾，孤僻者倒是不太會有知覺障礙的問題；雖然偏執者也很孤僻，卻是因爲要提防外界和他人陷害自己，更總是過度看待他人的評價和看法，相較之下孤僻者倒是十分冷淡，覺得外界充滿危險又麻煩；雖然迴避者也很孤僻，卻是源自於自卑情結，內心仍舊渴望與他人建立連結，只是苦於無法應對人際衝突，孤僻者倒是壓根不想與他人有過多聯繫。

三、毫無性欲

孤僻者也是「不近男／女色」和「禁欲系」的典範。他們冷漠無情地應對生活中的一切，缺乏正常人的七情六欲，對生活中大部分的情況都毫不在乎。

四、缺乏樂趣

孤僻者很難感受到樂趣，也十分缺乏喜怒哀樂的體驗，像是與喜歡的人在一起時的幸福感、看到美景時的陶醉感、成功時得到的成就感等等。

雖然反社會者也缺乏情感體驗，但是他們的性欲、權力欲、貪欲等「獸欲」通常較爲強烈，一切以滿足自身欲望爲目標，且不擇手段；孤僻型倒是缺乏欲望，對大部分事物都無感，也沒有滿足欲望的動力。

五、缺少親密朋友或知己

由於缺乏社交技能、無欲無念，孤僻者鮮少交友或約會，更不會結婚或戀愛。就算是直系親屬，也不太會關心，或想要建立友好關係及連結。

六、無視他人的評價和看法

孤僻者不會因爲他人的看法而感到困擾，不管別人是肯定、批評或攻擊，他們都無所謂。

七、冷淡

冷淡是孤僻者最明顯的特徵。他們體會不到一般人的情緒，因此也有人稱之爲「缺樂症患者」。他們通常顯得較呆板、平靜、冷漠，沒有什麼情緒和反應。孤僻者也難以表達憤怒，哪怕是面對直接的攻擊或挑釁，他們可能也會無動於衷。

孤僻者的自閉狀態與輕度自閉症患者十分類似，但孤僻者能夠認知現實，而且沒有智力障礙方面的困擾，也沒有嚴重的刻板行爲和互動能力異常。

對外界不太有興趣、也缺乏情感，這類人格障礙往往從童年時期就開始形成，並且會維持一生，很少改變，也無法以藥物治療。但是，他們也不會主動尋求治療。

≡ 不打擾，是最好的相處之道

——與孤僻型人格障礙者的合適邊界

由於孤僻者在生活中獨來獨往，較少傷害和危及他人。即便交了朋友、結了婚，最後往往會以無法溝通、無法建立連結而告終。

請接受事實——他們對世上大部分的人事物沒興趣，也沒有正常的七情六欲，不要因此不斷指責和羞辱孤僻者。雖然他們無視他人的評價和感受，但是持續的長期惡意攻擊，還是很容易導致他們出現激烈反應。

他們缺乏基本的生活自理能力、對人情世故的感知力，只喜歡沉浸在一些機械化的工作中。如果你是他們的親人，請不要過度背負照顧起居的責任。

就讓孤僻者獨處吧！這是對他們最好的尊重。

允許自己成爲自己，也允許別人成爲別人。這個世界是多元的，人性和人格模式是多樣的，在孤僻者自願求助治療之前，不要強迫他們改變，尊重他們獨有的生存方式，不過度控制和干涉，更不過度打擾和攻擊，就是最好的邊界。

CHAPTER 11

〖我知道我可以！我做得到！〗

擺脫隱性控制，找回自己的聲音

「他是因為愛我，才會監視和控制我。」
「他這樣做也是為了我好。」
「我只對他有心跳的感覺。」
「雖然他很糟，但之後的人比他更糟怎麼辦？」
「我這麼糟糕，只有像他這樣的人才會喜歡我吧？」
「虐愛也是愛！」

困在一段不健康的關係裡，往往容易迷失自我，更會爲自己無法順利擺脫這段關係所造成的傷害，尋找許多藉口。

之所以無法擺脫，多半都是因爲怯懦、自我設限。像是覺得離婚很丟臉、分開後無法獨立生活、孩子還小、不能離開家人，或是認爲一切都是命。甚至是執著地貪戀對方的外表、財力或才華，而持續忍受人格障礙者的虐待，讓病態的關係持續下去。

現實是——無論怎麼自我催眠、自我麻痺、爲身邊的人格障礙者找藉口，都不可避免地會在長期的病態關係中造成身心俱損。請瞭解：處在不健康的關係裡，是不能獲得健康體驗的。虐戀關係對身心的傷害，遠比你我想像的還嚴重。

我無法幫助你修復一段惡劣的關係，也無法協助你改變或拯救人格障礙者，這是連最厲害的心理師也做不到的事。但是，我能幫助你走出人格障礙者造成的身心創傷，重新開始，並陪伴你成長並學會自愛、自助。你將可以帶著倖存者的智慧繼續勇敢前行，遇到眞正有愛的人，展開健康的情感關係。

花點時間，療癒心理創傷

看到這裡，相信已經對十種人格障礙者的行爲邏輯、心理眞相有所瞭解。說不定還能加以識別，並且知道與他們建立的病態關係如何持續消耗身心、讓健康和生活逐漸陷入困境，然後也能夠拒絕他們繼續造成傷害。

請務必理解：人格障礙者缺乏正常的情感，包容和退讓只會助長他們的惡行，更加沒有機會意識與改善自身的問題。所以，「遠離人格障礙者」將會是走出病態關係的第一步。

要擺脫與人格障礙者的糾纏無疑是場大冒險，需要夠瞭解人性，也需要擁有非凡的勇氣，才能應對即將面臨的殘酷現實。

不容忽視的是，長期處在病態關係中的人並不會因爲覺醒後，身心就能馬上痊癒。就算拒絕並遠離這些人格障礙者，過往的痛苦體驗、身體建立的悲觀情緒習慣，仍會像毒癮一樣定期發作。這種反覆的情緒就是心理創傷，既不受理性控制，還會持續一段時間，長短因人而異，也依照過往受到的傷害程度而有所不同。

接下來，我將分享一些科學的方法，幫助你在遠離人格障礙者、獲得個人的喘息空間和時間後，調整與梳理長期以來的不良情緒習慣，療癒自己的心理創傷。

學習梳理情緒

如果你正處於修復心理創傷的階段，每當不良情緒來襲，可以堅持進行下面的六種紀錄：

紀錄一、察覺當下的情緒，記錄下初始的時間。

當你出現負面情緒，請記錄下時間。譬如：我覺得很生氣（或是我現在覺得很難過、我現在覺得很壓抑、我現在覺得很嫉妒等等），現在是晚上十點二十三分。

紀錄二、接受當下的情緒，詳細記錄感受、加以描述。

請閉上眼睛用心感受，詳細記錄當下你感受到的所有身體反應。譬如：

- 你的呼吸如何？是急促還是緩慢？還是有其他情況？
- 你的心肺感覺如何？有痛感還是灼燒感？或是出現其他感覺？
- 你的體溫如何？是發熱還是發冷？還是有其他情況？
- 你的胃部感覺如何？是否有反胃的感覺？
- 你的心跳如何？是快還是慢？
- 你的四肢感覺如何？手心、腳心是發熱還是發冷？
- 你的肌肉感覺如何？是充滿力量還是覺得痠軟？
- 你的頭部感覺如何？是否有頭皮發麻的感覺？是否覺得頭疼？

就算是一樣的情緒，每個人會出現反應的身體部位也不同。憤怒時有人會胃痛、有人會心臟狂跳、有人則是頭痛。你需要詳細瞭解每種情緒出現時，身體的哪個部位會有反應。

這個感受和記錄的過程，可以幫助我們更瞭解自己的身體與情緒的對應機制。未來只要身體出現反應，就能迅速意識到自己處於什麼情緒，更瞭解自己的眞實心意和需求。像是對方做了一件事讓你頭皮發麻（身體反應），出現肉麻和噁心的感覺（情緒對應），便要尊重自己的眞實情緒，知道自己不喜歡對方的行爲，馬上拒絕對方繼續靠近。

紀錄三、接受情緒並充分感受身體的反應過程，記錄持續的時間。

別害怕，再堅持一下。每種情緒帶來的能量都不會維持太久，只要勇敢接受並體驗這段過程，情緒強度就會慢慢減弱。一旦感覺到情緒能量變弱，記錄一下直到身體恢復正常，總共花了多久時間。比如說從剛開始生氣時（晚上十點二十三分），一直到現在稍微回到正常（晚上十一點二十分），這次的情緒體驗便維持了將近一個小時。

只要願意耐心陪伴自己接受、反應和記錄情緒，這種負面情緒體驗和身體反應的時間就會越來越短。透過自己所做的紀錄，就可以看到這種正向的變化。

紀錄四、安慰與支持剛剛有所反應的身體部位。

等到體驗完情緒、身體反應減弱之後，就完成了接受和梳理的過程。這時請與剛才出現反應的身體部位說些話，安慰或支持都可以。

譬如向胃道歉：「親愛的胃，對不起，讓你受委屈了。剛才我的心理創傷發作，有一些未化解的憤怒情緒需要反應。這個過程辛苦你了，謝謝你的耐心。」或是感謝手腳：「謝謝親愛的手和腳，你們著涼了。我因爲一些事情覺得很悲傷，謝謝你們的耐心反應，讓我充分體驗了悲傷的情緒。」

請耐心地支持、感謝陪伴你反應情緒的身體部位，練習以溫情和關愛的方式與自己的身體對話，身體都能感受得到這份溫暖，潛意識也會慢慢累積這些自愛、自我支持的片段。這是練習自我接納的過程，也是練習爲自身情緒負責任的過程。

紀錄五、思考情緒出現的原因，探索自身的需求。

出現情緒時，理性決策會受阻。因此必須耐心地接受、陪伴情緒反應過去，等到理智上線後，再開始進一步思考爲什麼會出現情緒，探索自己的需求，著手解決問題。

同樣面對壓迫和貶低，有的人會認同、有的人會拒絕。情緒的出現因人而異，必須自行化解，但是請瞭解沒有「不應該」的情緒！情緒的出現是合理的，耐心探索，這裡頭包含了潛意識未察覺的眞實需求。

好好思考：因爲什麼事才出現剛剛的情緒呢？是因爲對方的輕視、壓迫、虐待、冷暴力嗎？內心深處究竟想要什麼？是尊重、關愛、注意、照顧還是安全感呢？這些是不是一定要對方才能給？是不是只能透過一種方式滿足？

紀錄六、思考並嘗試用不同的方式滿足自己的需求。

我們之所以曾經覺得自己別無選擇，正是因爲沒有好好思考過別的選項。因此，請閉上眼睛仔細思考：什麼是你的理想關係？你希望別人怎樣對待自己？你想聽到什麼話？

將答案記錄下來，然後化身爲自己最好的伴侶、父母、朋友，對自己說些最想聽的話。可能是最眞誠的道歉、最眞摯的關愛、最體貼的談心等等，來體驗被善待、被理解、被接納、被呵護的感覺。練習滿足自己的需求，也是練習自愛的過程。

請先堅持上面提到的記錄，練習三個月，觀察情緒發作的情況是否有所減緩、頻率是否降低、反應時間是否縮短，再調整記錄的次數。要是願意求助心理師，這些紀錄也有助於他們更瞭解創傷體驗的程度和過程。

事過境遷，你會更好的

也許你會憤憤不平地說：「難道就這樣放過那些害人的人格障礙者嗎？他們不需要爲自己的惡劣行徑付出代價嗎？」

當然需要。如果他們做出違法行爲，請在梳理完情緒後理性地尋求法律協助；如果他們做了許多傷害情感、精神或身體的事，請在梳理完情緒後，進一步與他們斷絕聯繫，耐心地修復你的心理和身體創傷，直到你恢復狀態後，再思考適時曝光或採取其他應對辦法。

當然，也可以把寶貴的時間和精力花在自己身上，專注於修復創傷並重新開始。離開人格障礙者之後變得更好的你，對他們來說就是最大的「懲罰」，沒有必要殊死爭鬥、玉石俱焚。

也許你會悲傷、沮喪地說：「他們眞的不會改變嗎？我們曾經如此相愛呀！沒有任何辦法了嗎？」

大部分的人格障礙者不懂得愛也不會自我反省，期盼他們改變後帶給你幸福，幾乎是不可能的，請接受這個殘酷的現實。他們也許會變，但機率極低。除非他們自己有意識到要改變，還撐得過極爲艱難的過程，否則沒有人能夠改變他們。

過去的美好是眞實的、珍貴的，但是那些與人格障礙者的愛與連結，多半都是腦補出來的。也許你想忘掉過去、或是想原諒、還是不甘心想報復，這都是正常的，也是結束一段痛苦創傷會出現的狀況。不論產生了什麼情緒，都請耐心地陪伴自己體驗和梳理，不苛責、不壓抑、不追究，只要用心體驗和記錄，並等待情緒慢慢平復。身體的創傷反應會慢慢減弱，你也會眞正獲得成長。

學會面對分離

「我知道他很糟，但我就是離不開他。」

「每次提分手，我都覺得他好像變了一點點。」

「比起獨處的孤單，有他的陪伴我可能感覺好一些。」

「失戀真的太痛苦了！」

「他對我那麼糟，為什麼分開了我還會這麼難過呢？」

因爲與人格障礙者相處時很痛苦而選擇分手，爲什麼分開後卻沒有「解脫感」，反而感覺更痛苦了呢？

人類是群居動物，天生就害怕分離。分離不僅會衝擊內在的自我價值感，也會出現損失感。因此就算發現對方有很多問題，也瞭解他們很難相處、沒有愛人的能力，還是有許多人對分離充滿了恐懼。

分離時會覺得痛苦還有一個主要原因，那就是「情緒癮」的戒斷反應。

大腦在快樂時會產生大量讓人興奮的多巴胺，虐心時則會出現大量的衝突情緒及痛感。在親密相處的過程中，無論是愉快或痛苦的體驗，都會誘發強烈的情緒，並成為一種身體記憶。所以有不少人平日情緒很穩定，一談戀愛就變得患得患失。如果不瞭解自己的情緒、不學習如何梳理，就會難以招架這種失控的局面。

分離將帶來嶄新契機

不論與人格障礙者相處時是否開心，身體都會形成情緒癮，讓分離過程變得更難熬。所以，我們需要給自己一些時間和空間，去接受、應對分離的痛苦，並告訴自己這種感覺只會持續一陣子，最終還是會好起來。若面對分離總想逃避痛苦、總是回頭去找人格障礙者，只會再度進入虐待循環。

分離之後，每當情緒癮發作時，就試著與自己的身體對話：「我最近要體驗一陣子分離之苦，需要身體辛苦一陣子了。可能會不定時發作，但是我願意陪著身體一起體驗、一同度過。」

從心智成長和心理健康的角度來說，分離也是珍貴的契機，讓你有機會瞭解內在自我價值感是否穩定、對愛和肯定是否匱乏，以及情緒梳理和自控能力是否足夠。

只要願意學習並練習接受情緒、梳理情緒，就可以釋放潛意識深處長久壓抑的負面情緒，這也算是一種情緒排毒的過程。

對於分離、日常的喜怒哀樂、挫敗等不可避免的痛苦，請勇敢接受並積極應對；對於遭受虐待、糊塗、天眞吃虧等可以避免的痛苦，請透過學習與練習來找到更多應對的辦法。

請耐心地陪伴自己梳理分離帶來的痛苦。

練習自愛、自助

成長過程中較少體驗到無條件的愛與肯定、長期允許他人隨意對待自己而出現習得性無助，都會讓一個人不知道、不注意如何自愛和自助，而允許自己處在充滿虐待的親密關係裡、允許自己一再把底線降低而不願分離。

無論如何，結束一段糟糕的關係讓自己有機會重新開始、眞正陪伴自己成長，就要從無條件地自愛開始。這需要我們發自內心地愛自己、需要我們不再自我苛責，並給予自己更多肯定，而不是渴望外界和他人的認同和讚賞，不然只會進入無限失控、失衡的循環。

我們常常會因爲自己的不完美而自責，當我們意識到自己這麼做時，請試著立刻停止，將羞辱與貶低轉化爲對自己的支持和鼓勵。如此一來，就是在練習接受自己的不完美，並練習體驗無條件地喜歡自己。

希望別人如何善待我們，就得先這樣善待自己。希望別人能送花給自己，不妨就先買一束花給自己；希望別人說些體貼的話，就先這樣說給自己聽；希望別人能給予溫暖的擁抱，就先好好地抱抱自己等等。這個過程就是更新和累積正向體驗的過程。只要能夠自我關懷、自我滿足，就能慢慢提升自愛能力，不再失控地向外索取。

寫封信給自己

用心地寫封「感受信」給自己，並以關愛的方式回信給自己，也是一種提升自愛能力的好方法。

這封信分爲兩個部分。第一部分要寫出自己全部的眞實感受，想像自己被聆聽、

羞辱與貶低	轉化為	支持和鼓勵
「你為什麼不努力一點拿第一名呢？」		「我用盡全力了，無論拿到第幾名，我都還是喜歡自己！」
「你為什麼老是減不了肥呢？」		「如果減肥真的太辛苦了，就休息一會兒，無論胖瘦，我都喜歡自己當下的狀態！」
「你的臉真的太圓了！」		「我的圓臉太可愛了！來找找適合圓臉的妝髮造型吧！」
「你這個矮冬瓜！」		「我的個子好小，要更注意怎麼保護好自己！」
「你連這個都學不會，太沒用了！」		「這個對我來說有點難，不如就慢慢學習吧！」
「你怎麼那麼討人厭！」		「如果別人不喜歡我，我就要更喜歡自己一點！」

被理解；第二部分則以理想的收信人身分，充滿關懷地回信給自己，並且內容要包括：以讓你覺得被理解的方式表達歉意；理解、認同自己的負面情緒；陳述充滿支持、讚美、感謝和肯定意味的關愛言語；其他任何想聽到對方說出的回覆。

透過感受信，可以眞誠地與自己談心、坦承自己的眞實感受和想法；透過回信，可以寫下我們眞正期待聽到的回覆。

能夠探索自己的感受和負面情緒，才是眞正尊重自己的存在，並眞心地喜歡不完美但很眞實的自己。這種自愛能力不需要他人施捨或者強行從外界索取，而是從我們內心獲得。

不是你的責任不要扛

陷入一段痛苦的關係，必須學會正確歸因，承擔屬於自己的責任。

他人怎麼對待我們，跟他們的情商、價值觀、人格有關。若是遭受情感或身體上的虐待，就都歸咎於是自己不夠好、不配被愛、表現不佳，便是把別人的責任都過度攬到自己身上。這也是一種自戀的表現，覺得自己對外界和他人擁有龐大的影響力。

或許無法控制別人怎麼對待自己，卻能夠選擇如何對待他人。越想控制，反而越容易被自己的控制欲給操控。不需改變、糾正別人的選擇與行爲，放下想要治癒、拯救別人的欲望，別過度背負不屬於自己的責任。

區分清楚哪些是自己的責任、哪些是外界的責任，才有辦法好好瞭解自己、好好滿足自己的需求、好好解決問題。

在梳理好情緒之後，只要邊界越清晰，人際相處起來就越舒適，個人的自我也會越趨穩定。

怎麼辦？我是人格障礙者！

問題人格的成因相當複雜，可能受到遺傳、原生家庭或成長經歷的影響，文化環境和傳統觀念也可能是成因之一。

撰寫本書的過程中，我也回顧了過去，發現自己曾經體驗過書中提到的很多問題。

在心智不成熟、認知不足、沒有機會成長的時候，你我都可能表現出人格障礙者的特徵，像是邊界和責任劃分不清、失控、操縱外界和他人、缺乏情感體驗和自省能力、自戀、無法同理等等。當下我們沒有意識到自己的問題，直到陷入困境並造成巨大損失和痛苦，才有可能痛定思痛，眞正地反思、學習和成長。

恭喜你！意識到自己的問題

書中不會特別爲人格障礙者提出如何修復與改變的建議，因爲他們既不懂得自省，也不覺得自己對他人造成困擾，甚至不會主動閱讀這本書。所以這裡的內容主要是寫給遭受人格障礙者傷害的人，希望能幫助他們辨別、設立安全界線、修復創傷。

但是如果看到這裡，你因爲發現自己符合書中某類問題人格障礙者的特徵而焦慮、惶恐，或是因爲書中揭露人格障礙者的眞實心理及行爲模式而不滿，覺得一旦伴侶、家人、朋友、同事開始像書中建議的那樣拒絕自己、與自己保持距離，就都是這本書的錯！

把責任推給一本書，是無法解決問題的。

你能意識到自己符合部分人格障礙者的特徵，並且發現這已經對情緒、生活及人際關係都造成困擾，其實反而是件好事。只要你願意陪伴自己慢慢改善和成長，問題都不算嚴重。只要有意願改善、不斷練習放下控制和執念、建立自尊和自愛，並且好好體驗和表達眞情實感、積極尋求心理師的幫助，最終還是可以改善狀況的。

當然，這是一段艱難而漫長的過程，也取決於個人的悟性、毅力和造化，才有辦法意識到改善與成長。

不過本書並非醫學診斷參考，如果覺得自己的人格模式已經影響到生活狀態，請務必到身心科進行更為專業的人格障礙測試。要是鑑定為人格障礙，也請與專業的醫師配合、慢慢治療。

如何選擇合適的心理師

不管你是人格障礙者，還是病態關係中的受害者，尋求心理師的幫助都是個明智且勇敢的選擇。比起透過報復、暴飲暴食、失心瘋採購等方式來逃避痛苦、壓抑與發洩情緒，心理師的協助能夠幫你體驗眞誠的關係、快速化解情緒、增加相關知識。

但是選擇心理師也是一門學問，需要識人的智慧和緣分。他們或許是很會考試、滿口理論的「學究」，實際工作的過程中卻錯誤百出。他們也很可能是人格障礙者：自戀型心理師沒有傾聽的能力，總是居高臨下打壓和教育諮詢者；反社會型心理師常常操控諮詢者，要他們支付更多的錢等等。

五點建議，找到有力的幫助

因此在找尋與篩選心理師的過程中，可以參考以下五點建議：

▪ 建議一、全面瞭解自己面臨的問題和心理師。

請先瞭解自己正在面對的問題。譬如辨識出自己遇到的是哪一種類型的人格障礙者，並先瞭解相關的知識和資訊。

尋找有口碑的心理師，或耐心地搜尋各心理師在相關媒體上分享的內容專業性、審查心理師的經驗和專業證書。並且在諮商的過程中不斷觀察、尊重自己的眞實感受，不要盲目相信對方。

進行諮商前，可以問問心理師擅長哪一種療法，並且先行瞭解該療法的特點，以及前期體驗時是否覺得適合自己。覺得不合適的時候，可以隨時終止諮商。

▪ **建議二、務必選擇對你所面臨的問題有相關經驗的心理師**。

在諮商過程初期，就要知道這位心理師是否對於你的問題有深入的瞭解、研究和經驗。可以直接詢問見解，瞭解其專業度。一般來說，要是對該問題經驗不多的心理師，就會推薦更有相關經驗的心理師給你。

也別忘了要觀察這名心理師的傾聽與溝通能力、價値觀、表達方式帶給你的眞實感覺。如果你覺得不妥，隨時可以暫停或終止諮商。

▪ **建議三、如果正在進行醫院提供的心理藥物治療，請不要擅自停藥**。

許多憂鬱症或躁鬱症患者會因爲擔心藥物對身體產生副作用而自行停藥。但是比起藥物的副作用，成功治癒或緩解疾病其實更爲重要。服藥的過程中請搭配心理師的治療，因為心理問題需要理解並釐清成因與解決問題的方式，才有可能真正緩解。

▪建議四、在諮商過程中別忘了不斷評估心理師。

雖然以心理師的專業可以解決心理問題，但是你自己也要不斷用心學習相關知識、提升自己的知識、不斷嘗試心理師提供的建議是否有效，並評估當下的心理師是否適合自己。

▪建議五、規畫一部分的錢用於心理諮商。

要知道，面對棘手的問題，隨時都可以向專業人士求助和求救。儘管就目前的消費水準看來，心理諮商的費用並不算太低。不過這是練習自助和自愛的途徑之一，也是一種自我投資。

詳細瞭解心理諮商的收費標準，並結合自己的經濟承擔能力進行規畫。要是無法負擔，不妨自行探索心理學方面的專業書籍和資料，自學也能增加知識。這本書也是幫助你提升識人能力、增加保護自己身心安全的好幫手。

只要你願意陪伴自己成長，困擾你的問題終究得以慢慢獲得解決。

後記▪

如果身邊有人格障礙者……

「當今社會又有多少正常人？難道人格障礙者就不配被愛嗎？」

「為什麼對人格障礙者毫無同情心？不治療還離開他們！」

「我就是人格障礙者，就喜歡你看不慣我又幹不掉我的樣子！」

分享關於人格障礙的內容後，我收到很多網友義憤填膺的質問和攻擊，因此想在本書後記中特別聊聊：如何看待人格障礙者，以及令彼此舒適的社交邊界。

首先，我之所以能夠深度研究與解析人格障礙，是因爲一來自己曾出現過一些人格障礙的特徵，只是不嚴重；二來則是因爲曾遇過很多人格障礙者並發展出親密關係。當時並不理解人格障礙者，體驗到不少痛苦和損失。這本書可算是我痛定思痛，不斷學習、探究和實踐後與大家分享的經驗，希望陪伴許多陷於關係困境的人認清身邊的人格障礙者，好好保護自己。

因此，這本書會分享識別人格障礙者的心理學知識，並不是為了攻擊、改變或消滅他們，也不是為了讓大家對看不順眼的人胡亂指責：「你這個自戀狂！」、「你是個表演狂！」、「你一定是偏執狂！」而是希望協助大家拓展認知、瞭解危險關係的眞相，有效地應對危急情況，並藉由自省、自我成長，設下安全的人際界限及時止損，眞正學會保護好自己，走出受虐的創傷

就像我們需要瞭解消防知識，才能確實避免火災，或是快速察覺火情並有效自救；瞭解基礎的電路原理，才能在電路故障時不胡亂操作，避免觸電；瞭解人格的多樣性、特徵與危險性，才能提高自身的安全意識、看清危險關係的眞相，進而提升面對關係困境時解決問題的能力。

許多人因為並不知道人格充滿多樣性、缺乏對現實的理解，往往會陷入難以逃脫的危險關係，最後兩敗俱傷，釀成悲劇。這就是為什麼社會新聞中相關的民事、刑事案件層出不窮，因嚴重心理創傷而受害一生的諮詢者也絡繹不絕。

別只放大缺點，看看他們的優點

不過，每種人格障礙都有獨特、超凡的優點。

譬如自戀型人格障礙者多半外表光鮮亮麗、充滿自信、熱情，盡力為自己爭取更多的外在利益和資源，因此十分上進，更因此獲得較高的權力和地位；偏執型人格障礙者能將高難度的工作做到極致，因此很多行業的精英都具備偏執的特質，才能在醫學和尖端科技的領域有所成就；戲劇型人格障礙者多半熱中社交、待人熱情又十分幽默，要是身為網紅或演員，還能帶給觀眾很多樂趣和出其不意的新鮮感。

書中不僅詳細介紹每種人格障礙者的獨特優點，也提到他們特有的魅力。在職場上，他們也許是不錯的合作夥伴；在生活中，他們也可以是調劑情緒的好幫手。但是在親密關係或親子關係中，他們如此特殊的心理與行為風格、如此匱乏的情感能力，無疑會造成身心極大的消耗和傷害。

如果理解了人格障礙者的心理和行為邏輯，並且明確知道可能面臨的傷害和耗損、需要面對和承擔的又是什麼，一旦遭受痛苦的對待，也可以因為早有心理準備，不會感到太意外或太崩潰。更可以基於現實重新調整相處方式，在危急時刻有意識地保護自己。除此之外，相處過程中也不會因爲常常困惑而過度自我懷疑，可以說是能把傷害降到最低。

想改變人格障礙者，只會落得一場空

不過，還有一個需要面對的現實——人格障礙者極難改變。

很多人希望透過犧牲自己來治癒人格障礙者，並天眞地相信愛可以改變一切，還將自我價值感建立在對他人的改變和影響力上。雖然這份初心是善良的，卻也是不現實的。因爲大部分的人格障礙者缺乏自省和同理的能力，情商也偏低，根本不會意識到自己有問題。在他們自願改變之前，沒有人能夠改變他們。就算有少部分的人格障礙者想要改變，也會因爲改變過程極爲艱難，最後很少能夠成功。

人格障礙通常在青少年時期就開始形成。因此如果你是具備足夠認知、經驗豐富的家長、老師或心理師，可以藉由正向的引導，去改變正處於這個時期的人格障礙者。若是到了成年時期，積年累月的固化思考方式與行爲邏輯、難以培養的同理和情商能力，就會讓他們變得十分頑固。

這就是人格障礙者最危險的地方——他們可能智商極高、不屬於精神疾病範疇，行爲也不受感性或道德的約束，因此會爲了達到目的不擇手段。一旦產生欲望，身邊的人多半首先遭殃，哪裡有辦法治癒他們。

請大家保持清醒，多關心自己，別想著要改變他人。

勇敢地面對痛苦，關心自己的成長

有人留言說，自己符合人格障礙的特徵也深受其擾，如果想要改變該怎麼辦。別擔心！能意識到問題並願意改變的人，往往都不是太嚴重。

世無完人，現實從不會按照你我的主觀意願發展，所以失控在所難免。既然失控持續存在，痛苦也就不可避免。就算趨樂避苦是人的本能，但是心智成長的過程從無坦途，所以就勇敢地面對痛苦吧！

過度害怕某種不可避免的痛苦而逃避人生的功課，會導致生活和人際關係出現障礙，陷入困境。因此「逃避特定的痛苦」是形成人格障礙的主要原因之一。像是：逃避不完美的痛苦，可能會形成自戀型、強迫型人格障礙；逃避分離的痛苦，可能會形成邊緣型、依賴型、迴避型人格障礙；逃避現實不可控的痛苦，可能會形成思覺失調型、戲劇型、自戀型人格障礙等。

然而人性是複雜、豐富且多變的，每個人都是特別的生命個體，有著獨一無二的人生經歷和體驗。每個人的存在本身也都具有價值，更值得被尊重。請在遠離危險的人格障礙者時，也給予對方基本的尊重。多多關心自己的成長，不要過度干涉或改變他人。

致謝

Acknowledgments

這是我的第一本書。我並非出身心理專業，所以創作這本書對我來說並不容易。

我曾經想要成爲漫畫家，卻因爲不幸罹患重度憂鬱症而擱置。在我與疾病共處的過程中，我僅存的一點求生欲和好奇心，讓我幸運地與心理學建立深度連結。

從此，我開始眞正拓展心理學認知、學習和練習心智成長，並瞭解自己曾經不成熟的心智狀態眞相，也明白自己遇到的人格障礙者（家人、朋友、伴侶、同事）對我造成哪些長期的不良影響。不過，也因此同時看見並療癒自己多年的創傷，慢慢走出重度憂鬱症帶來的劫難。幸運的是，我也得以開始在自媒體上經營心理和情感的內容，陪伴許多跟我一樣暫時陷入困境的人一起走出迷霧，重獲自由。

本書彙集了我對自身眞實經歷的深度探索、多年經營心理類自媒體的網友回饋、線上網友的眞實案例，以及我對心理學相關文獻的探究與總結。

爲此，我要特別感謝編輯思瑤給予我一個發聲的機會，以及所有爲本書花費時間和精力的夥伴。感謝思瑤用心瞭解我分享過的內容，並聰慧地選出重點，並不斷鼓勵我編輯相關內容。在撰寫本書的過程中，她也細心地提出建議、耐心地陪伴我瞭解出版流程與注意事項。也由於她的耐心和信任，我才有機會成爲「創作者」完成出版充滿眞情實意作品的夙願。對於像我這樣不重流量、只想眞誠分享的人來說，這種鼓勵特別重要，給了我堅持寫完本書的勇氣和信心。

感謝我的另一半飛飛。謝謝他讓我體驗到充滿關愛、溫暖和療癒力量的親密關係，並照顧因憂鬱症而消沉無力的我，也給予我大量的支持和鼓勵，讓我做想做的事。更感謝他與我合作用心經營婚姻，我們共同成長，成爲彼此溫暖且富有安全感的後盾，在正向的關係中學到人生最珍貴的一課——無條件地自愛和愛人。我有幸從因創傷陷入重度憂鬱的人生黑暗狀態，轉變到樂觀、自主、充滿光亮的狀態，這種感覺如同命運的逆轉。

感謝我的網友融一。謝謝他從我還沒成爲漫畫家前，就非常欣賞和支持我的作品；在我因爲重度憂鬱症而輟筆不耕的日子裡，在線上關心與幫助我，還挑選了很多優質的心理學、哲學書籍寄送給我，讓我的心智有了關鍵性的成長。我的覺醒多半都是來自於他的啓發。在此眞心感謝這位靈魂好友雪中送炭，也眞誠感謝陪伴我度過人生至暗時刻的眞誠友人。

更要感謝每位信任我的諮詢者。我在陪伴他們走出創傷、化解困境的過程中，也感受到彼此建立眞誠關係後帶來的療癒力量，更得到不少收穫。願今後能夠爲更多人解惑、陪伴更多人在人生旅程中成長。

也感謝所有認可我的創作、願意閱讀本書的網友和讀者。你們的眞誠支持和鼓勵，都是我能夠堅持創作和研究的動力。

參考文獻

■《精神疾病診斷與統計手冊第五版》（*Diagnostic and Statistical Manual of Mental Disorders, Fifth Edition, DSM-5*），美國精神醫學學會（American Psychiatric Association）。簡中版：二〇一五年，北京大學出版社。

■《少有人走的路：心智成熟的旅程》（*The Road Less Traveled*），斯科特・派克（M. Scott Peck）。簡中版：二〇二〇年，北京聯合出版公司。

■《不要用愛控制我》（*Controlling People: How to Recognize, Understand, and Deal with People Who Try to Control You*），帕萃絲・埃文斯（Patricia Evans）。簡中版：二〇二四年，當代世界出版社。

■《爲什麼愛會傷人》（*Should I Stay or Should I Go: Surviving a Relationship with a Narcissist*），拉瑪尼・德瓦蘇拉（Ramani Durvasula Ph.d.）。簡中版：二〇二二年，浙江大學

出版社。

- 《邊緣型人格障礙》（*The Essential Family Guide to Borderline Personality Disorder: New Tools and Techniques to Stop Walking on Eggshells*），蘭迪・克雷格（Randi Kreger）。簡中版：二〇一八年，台海出版社。
- 《他爲什麼這麼做？：爲什麼他上一秒說愛，下一秒揮拳？親密關係暴力的心理動機、徵兆和自救》（*Why Does He Do That: Inside the Minds of Angry and Controlling Men*），朗迪・班克羅夫特（Lundy Bancroft）。二〇一九年，大家出版。
- 《依賴共生：親密關係中的依賴型人格》（*Breaking Free of the Co-Dependency Trap*），賈內・溫霍爾德（Janae B. Weinhold Ph.D.）、巴里・溫霍爾德（Barry K. Weinhold Ph.D.）。簡中版：二〇一八年，台海出版社。
- 《4%的人毫無良知我該怎麼辦？：哈佛名醫教你如何看人、怎麼自保！》（*The Sociopath Next Door*），瑪莎・史陶特（Martha Stout）。二〇二三年，商周出版。
- 《如何不喜歡一個人》（*Psychopath Free: Recovering from Emotionally Abusive Relationships With*

Narcissists, Sociopaths, and Other Toxic People），傑克森・麥肯錫（Jackson MacKenzie）。簡中版：二〇一七年，北京聯合出版公司。

- 《潛意識正在控制你的行爲》（*How Your Unconscious Mind Rules Your Behavior*），曼羅迪諾（Leonard Mlodinow）。二〇一九年，天下文化。
- 《ＥＱ：決定一生幸福與成就的永恆力量〔全球暢銷二十週年・典藏紀念版〕》（*Emotional Intelligence: Why It Can Matter More Than IQ*），丹尼爾・高曼（Daniel Goleman）。二〇一六年，時報出版。
- 《她們都不跟我玩：第一本探討女性霸凌眞相的專書》（*Odd Girl Out: The Hidden Culture of Aggression in Girls*），瑞秋・西蒙（Rachel Simmons）。二〇一一年，旺旺出版社。
- 《ＦＢＩ心理分析術：我在ＦＢＩ的20年緝凶手記》（*Whoever Fights Monsters : My Twenty Years Tracking Serial Killers for the FBI*），羅伯特・雷斯勒（Robert K. Ressler）、湯姆・夏希特曼（Tom Shachtman）。簡中版：二〇一六年，民主與建設出版社。

- 《恐懼，是保護你的天賦：暴力年代完全自救指南（求生之書經典重現版）》（*The Gift of Fear: Survival Signals That Protect Us From Violence*），蓋文・德・貝克（Gavin de Becker）。二〇二二年，臺灣商務。
- 《力挺自己的12個練習：腦科學×正向心理學，改變大腦負向思維，建立逆境挫折都打不倒的內在力量》（*Resilient: How To Grow An Unshakable Core Of Calm, Strength, And Happiness*），瑞克・韓森（Rick Hanson）、佛瑞斯特・韓森（Forrest Hanson）。二〇一九年，天下雜誌。
- 《男人來自火星，女人來自金星：男女大不同（五版）》（*Men Are From Mars, Women Are From Venus*），約翰・葛瑞（John Gray Ph. D.）。二〇一六年，生命潛能。
- 《依附：辨識出自己的依附風格，了解自己需要的是什麼，與他人建立更美好的關係》（*Attached: The New Science of Adult Attachment and How It Can Help You Find and Keep Love*），阿米爾・樂維（Amir Levine, M.D.）、瑞秋・赫勒（Rachel S.F. Heller, M.A.）。二〇一八年，遠流。

■《爲何家會傷人：讓愛不再是負擔》，武志紅。二〇二一年，幸福文化。

■《願你擁有被愛照亮的生命》，武志紅。簡中版：二〇一五年，中國計量出版社。

■《爲何越愛越孤獨》，武志紅。簡中版：二〇二三年，花城出版社。

■《被討厭的勇氣：自我啓發之父「阿德勒」的教導》（嫌われる勇気・自己啓発の源流「アドラー」の教え），岸見一郎、古賀史健。二〇一四年，究竟。

■《拿起筆開始寫，你的人生就會改變》（*The Life Journal: How A Notebook & Pen Can Change Everything*），亞當・傑克遜（Adam J. Jackson）。二〇一八年，商周出版。

■《破案神探：FBI首位犯罪剖繪專家緝兇檔案（首部曲）》（*Mindhunter : Inside The FBI's Elite Serial Crime Unit*），約翰・道格拉斯（John Douglas）、馬克・歐爾薛克（Mark Olshaker）。二〇一七年，時報出版。

■《親密關係的祕密》（*How Love Works: A New Approach to Lasting Partnership*），傑夫・艾倫（Jeff Allen）。簡中版：二〇二一年，湖南文藝出版社。

■《親密關係：通往靈魂之橋（全新修訂版）》（*Relationship: Bridge to the Soul*），克

里斯多福・孟（Christopher Moon）。二〇一四年，漫步文化。

■《簡單的邏輯學》（*Being Logical: A Guide to Good Thinking*），丹尼斯・麥可倫尼（Dennis Q. McInerny）。簡中版：二〇一三年，浙江人民出版社。

國家圖書館出版品預行編目 (CIP) 資料

隱性控制 / 無力小芮著 . -- 初版 . -- 新北市 : 晴好出版事業有限公司出版 : 遠足文化事業股份有限公司發行 , 2025.03
320 面 ; 17×23　公分 . -- (S ;1 1)
ISBN 978-626-7528-70-9(平裝)

1.CST: 人格心理學 2.CST: 人格類型

173.75　　114001174

S
011

隱性控制

辨識危險人格，擺脫毒性關係

作　　者｜無力小芮
封面設計｜ FE 工作室
內文排版｜陳姿伃
責任編輯｜鍾宜君
特約編輯｜蔡緯蓉
校　　對｜呂佳真

出　　版｜晴好出版事業有限公司
總 編 輯｜黃文慧
副總編輯｜鍾宜君
行銷企畫｜吳孟蓉
地　　址｜ 231 新北市新店區民權路 108-4 號 5F
網　　址｜ ttps://www.facebook.com/QinghaoBook
電子信箱｜ Qinghaobook@gmail.com
電　　話｜（02）2516-6892 傳　　真｜（02）2516-6891

發　　行｜遠足文化事業股份有限公司（讀書共和國出版集團）
地　　址｜ 231 新北市新店區民權路 108-2 號 9 樓
電　　話｜（02）2218-1417 傳　　真｜（02）22218-1142
電子信箱｜ service@bookrep.com.tw
郵政帳號｜ 19504465（戶名：遠足文化事業股份有限公司）
客服電話｜ 0800-221-029　　團體訂購｜（02）2218-1417 分機 1124
網　　址｜ www.bookrep.com.tw
法律顧問｜華洋法律事務所／蘇文生律師
印　　製｜凱林印刷
初版一刷｜ 2025 年 3 月
定　　價｜ 420 元
ISBN ｜ 978-626-758-70-9
EISBN ｜ 9786267528723 (EPUB)
EISBN ｜ 9786267528716 (PDF)